Kumiko Sato　Ryoji Sato

Hakusuisha

―――― 音声ダウンロード ――――

付属 CD と同じ内容を、白水社ホームページ (http://www.hakusuisha.co.jp/download/) からダウンロードすることができます。(お問い合わせ先：text@hakusuisha.co.jp)

装幀・本文イラスト　　松原 明代
本文レイアウト　　　　小川 弓枝
CDナレーション　　　 Léna Giunta, Sylvain Detey

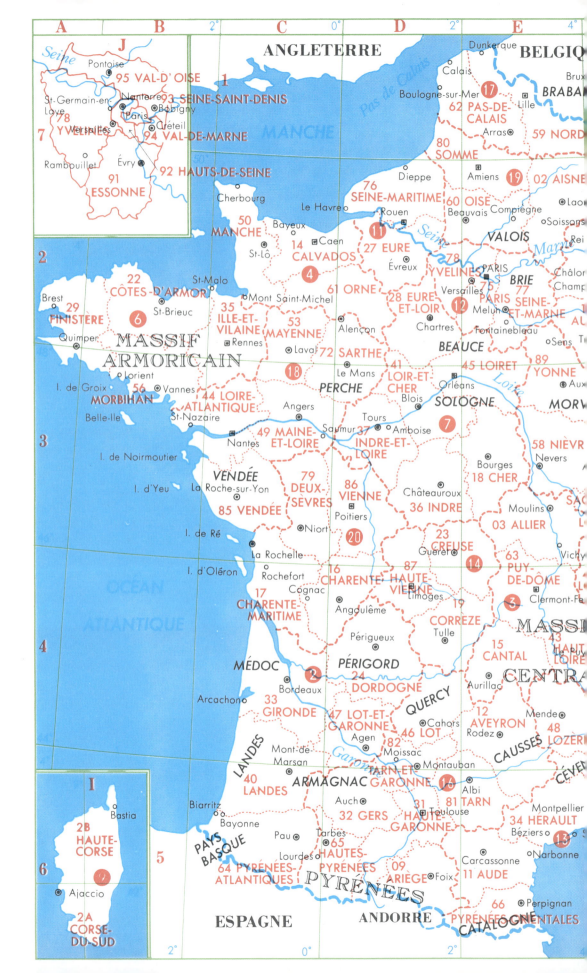

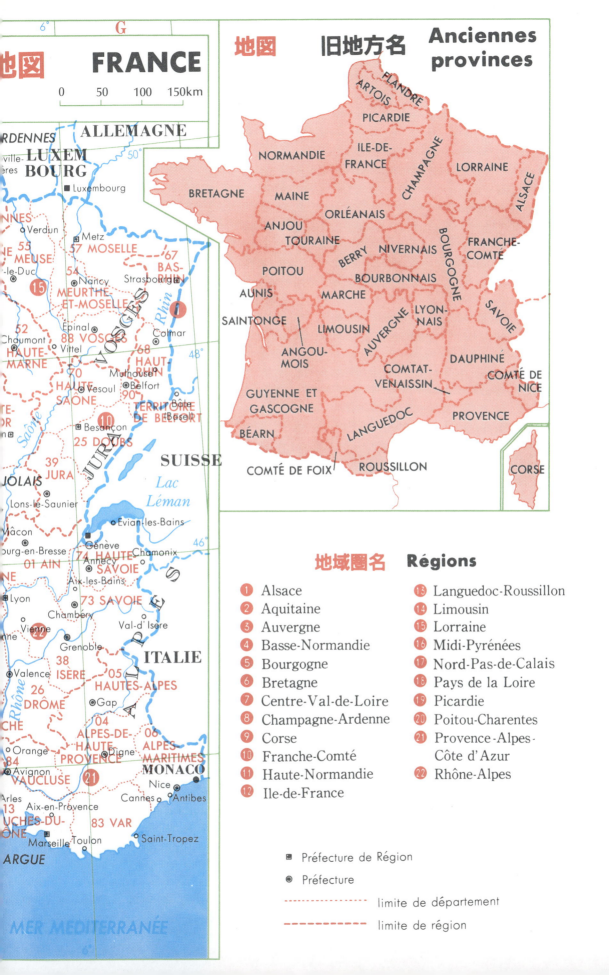

はじめに

フランス語を学び始めると、次々に新しいことが出てきて、どこがポイントなのか、どう勉強すればよいのか、わからなくなってしまうことがあります。この本は「これだけは覚えておきたいポイントがしっかり身につく」ことに狙いを定めた初級文法読本です。辞書の図版を取り入れて、学習の助けになるよう配慮しました。また、さまざまなタイプのクラスに柔軟に対応できるような工夫もしてあります。学生の皆さんの、さらなる意欲につながれば幸いです。

校閲と録音は、レナ・ジュンタさんとシルヴァン・ドゥテさんにお願いし、貴重なアドバイスをいただきました。心より感謝いたします。

2014年　秋　著者

この本の使い方

■ **各 Leçon（課）の構成**

écoutez et répétez（聞いて繰り返しなさい）
その課で学ぶ文法事項を含んだ例文です。音声を聞いたあとに発音練習をしましょう。暗記できるくらい何回も聞くことをお勧めします。和訳をつけてありますが、単語は辞書で調べましょう。

grammaire et exercices（文法と練習）
文法項目解説のすぐあとに、理解度を確認するための練習問題があります。

version（仏文和訳）
まとまった短い話を読みましょう。会話独特の表現にも慣れましょう。

・辞書の図版は、『ディコ仏和辞典』（白水社）を使用していますが、どの辞書にも対応するように説明してあります。

・特に注意すべき事柄を、吹き出しで強調してあります。

・まとめて知っておくと役立つ語彙を、囲みで紹介しています。

■ **Appendice**（補遺）では、Leçon で取り上げなかった文法項目を解説しています。授業時間内に学習しない場合でも、中級に進む方はぜひ自習してください。

■ **Révisions**（復習問題）では、各課の exercices とは異なるタイプの問題を2課ごとにまとめてあります。学んだ事柄を総括するために役立ててください。最後には総合聞き取り問題があります。

■ 巻末には、数詞20～100 000の一覧表と、フランス語をパソコンで入力するための設定を解説したページがあります。

■ 巻末の動詞活用表（クリーム色のページ）の番号は、本文内の丸囲み数字（活用表⑦など）に対応しています。

目 次

Alphabet et prononciation
文字と発音
1 アルファベ
2 つづり字記号
3 発音の基本的な規則
4 つづり字と発音
5 文の発音・書き方に関する決まり

6

LEÇON 1 — Bon courage !
がんばって！
1 名詞の性と数
2 不定冠詞と定冠詞
3 部分冠詞：du, de la

持ち物　数詞 0〜10

10

LEÇON 2 — Bon week-end !
よい週末を！
1 主語の人称代名詞
2 不規則動詞 être の現在形
3 形容詞の性と数

場所を示す前置詞　曜日

14

LEÇON 3 — Bon voyage !
行ってらっしゃい！
1 不規則動詞 avoir の現在形
2 所有形容詞
3 動詞の否定形

avoir を用いる決まり文句　家族　さまざまな否定表現

18

LEÇON 4 — Bonne chance !
幸運を祈る！
1 指示形容詞
2 -er 型規則動詞の現在形
3 強勢形の人称代名詞

国・国民・言語　職業名　数詞 11〜20

22

LEÇON 5 — Bon appétit !
召し上がれ！
1 前置詞 à, de と定冠詞の縮約
2 不規則動詞 aller, venir の現在形
3 疑問文

aller / venir ＋前置詞＋国名　12か月

26

LEÇON 6 — Bonnes vacances !
楽しいヴァカンスを！
1 -ir 型規則動詞の現在形
2 疑問形容詞
3 疑問副詞

四季　衣服　序数詞

30

LEÇON 7 — Bon anniversaire !
誕生日おめでとう！
1 目的語の人称代名詞
2 不規則動詞 prendre, faire の現在形
3 複合過去【1】（助動詞 avoir）

乗り物　時に関することば

34

| LEÇON 8 | **Bonne journée !** よい一日を！ | 1 疑問代名詞
2 不規則動詞 voir, partir の現在形
3 複合過去【2】（助動詞 être）
　　　　　　　　　　　　　　年月日 | 38 |

| LEÇON 9 | **Bon après-midi !** よい午後を！ | 1 非人称表現
2 不規則動詞 vouloir, pouvoir の現在形
3 主語代名詞 on
　　　　　　　　時刻の表現　天気の表現 | 42 |

| LEÇON 10 | **Bonne soirée !** よい晩を！ | 1 代名動詞の現在形
2 半過去
3 不規則動詞 savoir, dire の現在形
　　　　　　　　　　　　　　　方位 | 46 |

| LEÇON 11 | **Bonne nuit !** おやすみなさい！ | 1 関係代名詞 qui, que
2 命令形
3 不規則動詞 connaître, écrire, lire の現在形 | 50 |

| LEÇON 12 | **Bonne année !** 新年おめでとう！ | 1 形容詞と副詞の比較級・最上級
2 単純未来
3 受動態
　　　　　　　　　　略語や記号の読み方 | 54 |

| LEÇON 13 | **Bonne continuation !** がんばって続けて！ | 1 条件法現在（語気緩和の用法）
2 代名詞 en, y
3 ジェロンディフ | 58 |

Appendice　1 名詞・形容詞の複数形（原則以外）　/　2 形容詞の女性形（原則以外）　　62
　　　　　　　3 男性第2形のある形容詞　/　4 代名動詞の複合過去（直説法）
　　　　　　　5 関係代名詞 où, dont　/　6 大過去（直説法）　/　7 前未来（直説法）
　　　　　　　8 指示代名詞　/　9 疑問代名詞（性・数変化のあるもの）
　　　　　　　10 条件法（語気緩和以外）　/　11 接続法

Révisions　復習問題　　66

Les nombres de 20 à 100 000　数詞 20 ～ 100 000　　73

Écrire en français sur l'ordinateur　フランス語をパソコンで　　74

Alphabet et prononciation 文字と発音

1　アルファベ　🎧 02

A ア	**B** ベ	**C** セ	**D** デ			
E ウ	**F** エフ	**G** ジェ	**H** アシュ			
I イ	**J** ジ	**K** カ	**L** エル	**M** エム	**N** エヌ	
O オ	**P** ペ	**Q** キュ	**R** エール	**S** エス	**T** テ	
U ユ	**V** ヴェ	**W** ドゥブルヴェ	**X** イクス			
Y イグレック	**Z** ゼッド					

この6文字が母音字で、あとは子音字。

- アルファベは26文字ですが、この他につづり字記号のついた文字があります（→ p.7）。
- o と e が並ぶと、合字の œ になります（大文字も同様に Œ）。

■筆記体の1例

Bonnes vacances !

Bonnes vacances !　よいヴァカンスを！

Joyeux Noël !

Joyeux Noël !　メリー・クリスマス！

 略語のつづりを読んでみましょう。　🎧 02'

1) UE　欧州連合
2) SNCF　フランス国有鉄道
3) TGV　フランス新幹線

2 つづり字記号 🎧 03

つづり字記号はつづり字の一部です。文字の上または下につく記号については、単語によって、つくかつかないか決まっています。

> éとeは違う文字と考えよう。

種類	名称	つく位置	例
´	アクサン・テギュ	e の上	é
`	アクサン・グラーヴ	a, e, u の上	à è ù
^	アクサン・シルコンフレクス	a, e, i, o, u の上	â ê î ô û
¨	トレマ	e, i, u の上	ë ï ü
¸	セディーユ	c の下	ç
'	アポストロフ	文字と文字の間	l'ami
-	トレ・デュニヨン	文字と文字の間	après-midi

> îとïでは、iの頭の点は要らない。

- 上や下につく記号には、音を変えたり、単語を区別したりする役割があります。
- アクサンは大文字では省略されることもあります（本書では省略していません）。

2 正しく書き写しましょう。

1) à côté de l'hôtel
2) bûche de Noël
3) Voilà un étudiant français.

3 発音の基本的な規則 🎧 04

① 単語末尾の e は発音しません。
　　classe　　fondue　　vie

② 単語末尾の子音字は原則として発音しません。
　　Paris　　le mont Blanc　　Grand Prix

- ただし単語末尾の c, f, l, r は、読むことが多い文字です。
　　sac　　neuf　　parasol　　mer

③ h はいっさい発音しません。
　　hôtel　　homme　　histoire

- ただし語頭の h には「有音」と「無音」という文法上の区別があります。有音でも読むわけではありません（→ p.9-5）。

> 有音の h は見出し語の前に †マークがついている。

3 末尾を読むか読まないか辞書で確認しましょう。 🎧 04'

1) sec　　2) banc　　3) actif
4) égal　　5) dîner　　6) amour

4 つづり字と発音

フランス語はつづり字と発音との間に密接な対応関係があります。基本的なつづり字の読み方を知っておけば、初めての単語でもほとんど読むことができます。

■ ひとつの母音字　

table　petit　bébé　lit

vélo　lune　stylo

■ 2つ以上ならんだ母音字（二重母音にはならない）　

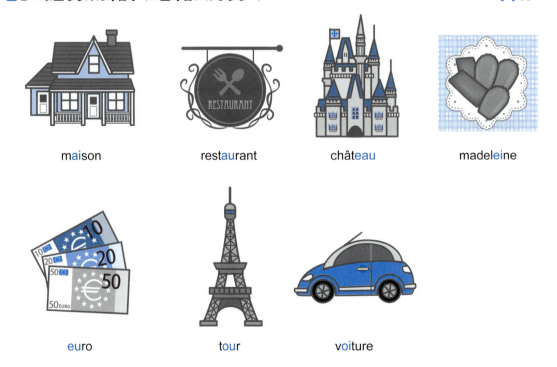

maison　restaurant　château　madeleine

euro　tour　voiture

■ 母音字 + m, n（鼻母音）　　　　　　　　　　　　　　　　　　🎧 05'

　　da**n**se　　　　　　**en**fant　　　　　　vi**n**　　　　　　pai**n**

　　p**ein**ture　　　　　　p**on**t　　　　　　**un**

 ここまでの規則を参考にして、挨拶のことばを読んでみましょう。　🎧 06

1) Bonjour.　おはよう、こんにちは　　　2) Bonsoir.　こんばんは
3) Au revoir.　さようなら　　　　　　　4) Merci.　ありがとう
5) Salut !　やあ、じゃあね　　　　　　　6) Ça va ?＊　元気？

　　　　　　　　　　　　　　　　　　　　＊çは「サ行」の音になる。

● この他のつづり字の読み方は Leçon 1～5 で学びます。

5　文の発音・書き方に関する決まり　　　　　　　　　　　　🎧 07

■リエゾン
発音されない語末の子音字を、次の語の頭の母音（母音字または無音の h）とつなげて発音します。関連の深い語同士のあいだでおこなわれます。

　　les anges　　　　petit enfant　　　⌢の記号は通常は書かない。

■アンシェヌマン
語末の子音を、次の語の頭の母音（母音字または無音の h）とつなげて発音します。関連の深い語同士のあいだでおこなわれます。

　　onze ans　　　　une idée

■エリジヨン
ce, de, je, le など決まった語で、末尾の母音字が、母音字または無音の h で始まる語の前で省略されます。省略記号にはアポストロフを用います。1 単語のように発音します。

　　c'est（← ce + est）　　l'ami（← le + ami）

LEÇON 1 Bon courage ! がんばって！

écoutez et répétez

1. **Voici Paul, un ami.**
   こちらがポール、友だちです。

2. **Voilà Marie, une amie.**
   あちらがマリー、友だちです。

3. **Voilà un fleuve. C'est la Seine.**
   あそこに川があります。セーヌ川です。

4. **Du café ou du thé ? ― Du café, s'il vous plaît*.**
   コーヒーにしますか、それとも紅茶？ ―コーヒーをお願いします。

   *s'il vous plaît：お願いします

grammaire et exercices

1 名詞の性と数

■**性**：名詞には男性名詞と女性名詞の区別があり、単語によって決まっています。無生物でもこの区別がありますので、名詞は性と意味をいっしょに覚えましょう。

男性名詞		女性名詞	
garçon	男の子	fille	女の子
étudiant	（男子）学生	étudiante	（女子）学生
livre	本	photo	写真

辞書で名詞を引くときは性を確かめよう。

性の表記がなく图としか書かれていない場合は、男性名詞と女性名詞の両方があるという意味。

prononciation ― e の読み方 ―

- 語末では読まない   ami**e**   ell**e**   livr**e**
- 語末以外の音節の終わりで「ウ」 d**e**mi   m**e**nu   s**e**maine
- 上記以外と記号つきは「エ」   m**e**r   caf**é**   fen**ê**tre

■**数**：単数名詞に s をつけると複数になります。ただし、この s は発音せず、単数と複数の発音は同じです。不規則な複数形もあります（→ p. 62）。

🎧09'

単数名詞		複数名詞	
livre	本（1冊）	livre**s**	本（数冊）
photo	写真（1枚）	photo**s**	写真（数枚）

1 辞書を引いて、名詞の性と意味を確かめ、発音しましょう。 🎧09'

例　sac（男）　バッグ

1）main　（　）..................................　2）train　（　）..................................
3）gare　（　）..................................　4）camarade（　）..............................
5）tête　（　）..................................　6）air　（　）..................................

持ち物　les affaires　🎧10

livre 男
stylo 男
cahier 男
dictionnaire 男
stylo à bille 男
crayon 男
gomme 女

2　不定冠詞と定冠詞

名詞には原則として性と数に応じた冠詞がつきます。名詞を不特定なものとしてあらわすときには不定冠詞、特定なものとしてあらわすときには定冠詞がつきます。定冠詞は総称もあらわします。

■**不定冠詞**: un, une, des 🎧11

男性単数	**un** garçon	**un** ami	
女性単数	**une** fille	**une** amie	母音字や無音の h の前ではリエゾンなどがおこり、つなげて読む。
男・女複数	**des** garçons	**des** amis　/　**des** filles　**des** amies	

■**定冠詞**: le, la, les

男性単数	**le** garçon	**l'**ami	
女性単数	**la** fille	**l'**amie	le と la は母音字や無音の h の前ではエリジヨンがおこり、l' となる。
男・女複数	**les** garçons	**les** amis　/　**les** filles　**les** amies	

2 名詞の意味を調べ、性と数に注意して不定冠詞と定冠詞をつけましょう。

例　(un) sac / (le) sac

1) (　　) chambre / (　　) chambre　　2) (　　) lit / (　　) lit
3) (　　) école / (　　) école　　4) (　　) revues / (　　) revues
5) (　　) hôtel / (　　) hôtel　　6) (　　) arbres / (　　) arbres

3　部分冠詞：du, de la　　🎧 12

名詞を数ではなく量や部分であらわす冠詞です。

男性　　**du** café　コーヒー　　　**de l'**argent　お金
女性　　**de la** viande　肉　　　　**de l'**eau　水

> 母音字や無音の h の前では、男性形も女性形も de l' となる。

3 名詞の性と意味を調べ、部分冠詞をつけましょう。

1) (　　) fromage　　2) (　　) courage　　3) (　　) lait
4) (　　) chance　　5) (　　) jus　　6) (　　) essence

＊　＊　＊

ここまでは、名詞と冠詞だけを取り上げてきましたが、いよいよ「文」を学びましょう。いくつかの簡単な表現を覚えるだけで文ができあがります。また単語や文をつなぐ機能を持つことばも覚えましょう。

> きわめてよく使われる表現。
> 発音もしっかり覚えよう。

C'est...　　それは〜です（英語の It is..., This is..., That is... に相当）　🎧 12'

Voici...　　ここに〜があります（います）、これが〜です（英語の Here is..., Here are... に近い）

Voilà...　　そこ（あそこ）に〜があります（います）、あれが〜です（英語の There is..., There are に近い）

et　　〜と、そして（英語の and に相当）

ou　　または、〜か〜（英語の or に相当）

mais　　しかし（英語の but に相当）

de　　〜の（英語の of に相当するほか、さまざまな意味を持つ）

数詞 0 〜 10　les nombres　🎧 13

| 0 | zéro | 1 | un / une | 2 | deux | 3 | trois | 4 | quatre | 5 | cinq |
| 6 | six | 7 | sept | 8 | huit | 9 | neuf | 10 | dix | | |

version

Bon courage ! 🎧 14

Voici un homme. C'est le professeur de français*.

Et voilà des étudiants. Maintenant, c'est le cours de français**.

Le professeur : Un, deux, trois, quatre, cinq. Répétez !

Les étudiants : Un, deux, trois...

Le professeur : Courage ! Un, deux, trois, quatre, cinq !

Les étudiants : Un, deux, trois, quatre...

Le professeur : Bon courage !

* professeur de français：フランス語の先生
** cours de français：フランス語の授業

LEÇON 2　Bon week-end !　よい週末を！

écoutez et répétez

1　**Vous êtes japonais ? — Oui, je suis japonais*.**　🎧15
　　あなた（男性）は日本人ですか？　―はい、僕は日本人です。

2　**Vous êtes japonaise ? — Non, je suis française.**
　　あなた（女性）は日本人ですか？　―いいえ、フランス人です。

3　**Les enfants sont dans la cour.**
　　子供たちは中庭にいます。

4　**Nous sommes très occupés.**
　　私たちはとても忙しい。

＊国民名→ p. 23

grammaire et exercices

1　主語の人称代名詞　🎧16

フランス語の動詞は、主語によって形を変えるという特徴があります。そのために、動詞の変化形は常に主語の人称代名詞をつけて練習します。まず8つの主語をしっかり覚えましょう。

母音字や無音の h の前では j' となる。文頭以外は小文字で書く。

単数と複数両方に使う。

je	私は		**nous**	私たちは
tu	君は		**vous**	あなたは、あなたたちは、君たちは
il	彼は、それは		**ils**	彼らは、それらは
elle	彼女は、それは		**elles**	彼女たちは、それらは

● 英語の you にあたる主語が2種類あることに特に注意。
　tu　：親しい者同士で使う単数形
　vous：丁寧に話す間柄での単数形と複数形、および親しい間柄の複数形

● il, elle, ils, elles は人だけでなく、ものにも使います。

prononciation　— c, g の読み方 —　🎧17

● c + a, o, u	「カ」行	café	concert	culture
● c + e, i, y	「サ」行	ce	voici	cycle
● ç + 母音字	「サ」行	ça	leçon	reçu
● g + a, o, u	「ガ」行	garçon	gomme	guide
● g + e, i, y	「ジャ」行	ange	gigot	gym

2 不規則動詞 être の現在形

英語の be に相当するもっとも大切な動詞です。変化は不規則ですが、主語といっしょに言えるように暗記しましょう。

- Vous êtes japonais ? という問いに対して、Oui, je suis. と答えることはできません（英語の Yes, I am. とは違います）。Oui, je suis japonais. か、Oui. のみ、あるいは Oui, c'est ça.(はい、その通りです) などと答えます。
- 〈主語の人称代名詞 + être〉のあとの、国籍・職業・身分をあらわす名詞には冠詞がつきません。

1·2 être を活用させて入れましょう。意味も考えましょう。

1) Tu (　　) japonais ? — Oui, je (　　　) japonais.
2) Paul (　　　) étudiant ? — Oui, il (　　　) étudiant.
3) Nous (　　　　) dans la salle de classe.
4) Jean et Pierre (　　　　) dans le salon ? — Non, ils (　　　　) dans la cuisine .

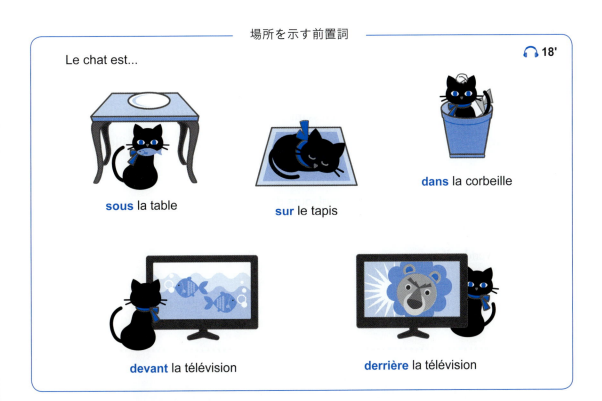

3 形容詞の性と数

形容詞は関係する名詞・代名詞の性と数に応じて変化します。名詞とならべて使うとき、多くの形容詞は名詞の後ろに置きます。

■ **形容詞の変化の原則**： 男性単数形 + **e** = 女性単数形
男性単数形 + **s** = 男性複数形
女性単数形 + **s** = 女性複数形

＊女性形や複数形の不規則な形容詞もあります（→ p. 62）。

grand（大きい、背が高い）の場合

Il est grand.
Elle est grand**e**.
Ils sont grand**s**.
Elles sont grand**es**.

形容詞を引くと、見出し語に女性形の語尾が表示されている。

■ **形容詞の語順**

名詞の後ろ（原則） un étudiant **japonais**　　des étudiants **japonais**

名詞の前（少数） une **grande** maison　　d<u>e</u> **grandes** maisons

- 名詞の前に置かれるのは、grand, petit, bon, beau, joli, nouveau, vieux, autre など、日常よく使われる形容詞の一部です。
- 複数名詞の前に形容詞がつくと、不定冠詞 des は一般に de (d') になります。

3 名詞の性と数を確かめ、形容詞を正しい形にしましょう。意味も考えましょう。

1) une (　　　　) robe ［joli］　　　　2) un (　　　　) jardin ［grand］
3) des livres (　　　　) ［intéressant］　　4) des feuilles (　　　　) ［vert］
5) une table (　　　　) ［rond］　　　　6) de (　　　　) villes ［petit］

曜日　les sept jours de la semaine　　🎧 20

月　lundi　　　火　mardi　　　水　mercredi　　　木　jeudi
金　vendredi　　土　samedi　　日　dimanche

- 「こんどの〜曜日に」「この前の〜曜日に」の場合、冠詞も前置詞も必要ありません。
- 曜日に定冠詞がつくと「〜曜日にはいつも」の意味になります。

LEÇON 2

version

Bon week-end ! 🎧 21

Alain et Sylvie sont camarades d'université.

Ils sont dans un café après les cours.

Sylvie : Tu es libre demain ?

Alain : Demain, c'est... vendredi ?

Sylvie : Mais*non ! Demain, c'est samedi, le 9** !

Alain : Ah bon ? Désolé, samedi, je suis pris.

Sylvie : Bon, alors, bon week-end !

Alain : À lundi*** !

　　　　　　　　　* mais はここでは non の強調
　　　　　　　　** 〈le ＋数字〉で日付をあらわす
　　　　　　　*** 〈à ＋曜日〉で「また～曜日に（会いましょう）」

➡ **Révisions** (p.66)

LEÇON 3 Bon voyage ! 行ってらっしゃい！

écoutez et répétez

1 **Vous avez un portable ? — Oui, j'ai un iPhone.** 🎧 22
   携帯電話をお持ちですか？ ―はい、アイフォンを持っています。

2 **Mon frère a six ans*.**
   私の弟は6歳です。

3 **Il y a beaucoup de** gens dans la rue.**
   通りにはたくさんの人がいます。

4 **Ce n'est pas une gare, c'est un musée.**
   それは駅ではありません、美術館です。

*avoir + 数 +an(s)：〜歳である
**beaucoup de + 無冠詞名詞：たくさんの〜

grammaire et exercices

1　不規則動詞 avoir の現在形　🎧 23

être とならんで大切な動詞です。英語の have に当たりますが、フランス語独特の用法もあります。

avoir（持つ）	
j'ai	nous avons
tu as	vous avez
il a	ils ont
elle a	elles ont

je が j' となることに注意！

---

avoir を用いる決まり文句　🎧 23'

avoir faim	空腹である	avoir soif	のどが渇いている
avoir chaud	（人が）暑い	avoir froid	（人が）寒い
avoir de la chance	運がよい	il y a...	〜がある、いる

---

prononciation ― h の読み方 ―　🎧 24

- h は常に発音しない
- 無音の h（リエゾンなどあり）
- 有音の h（リエゾンなどなし）

hôtel	histoire	cahier
des hôtels	une histoire	l'homme
des haricots	une harpe	le hall

 avoir を活用させて入れましょう。

1) Nous (　　　) deux chiens.　　私たちは犬を2匹飼っています。
2) Tu (　　　) faim ?　　君はお腹がすいてる？
3) Jean (　　　) trois sœurs.　　ジャンには3人の姉妹がいます。
4) Vous (　　　) de la chance !　　あなたはついていますね！

2 所有形容詞　🎧 25

名詞の前について「〜の」をあらわす形容詞です。名詞の性と数に一致した形を用います。

	男性単数	女性単数	男・女複数
私の	**mon** père	**ma** mère	**mes** parents
君の	**ton** père	**ta** mère	**tes** parents
彼の、彼女の	**son** père	**sa** mère	**ses** parents

「彼の父」と「彼女の父」は同じ。

母音字や無音の h で始まる語の前では、ma, ta, sa の代わりに mon, ton, son を使う。

私たちの	**notre** père	**notre** mère	**nos** parents
あなた（たち）の 君たちの	**votre** père	**votre** mère	**vos** parents
彼らの、彼女らの	**leur** père	**leur** mère	**leurs** parents

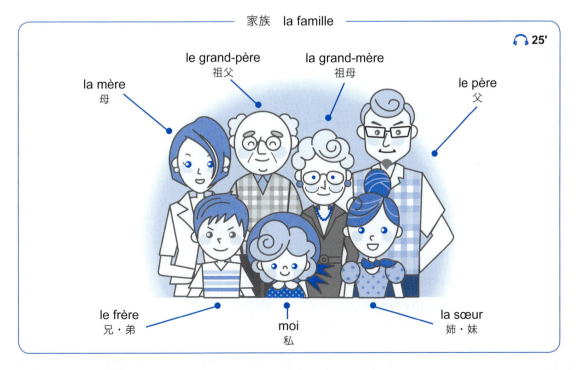

家族　la famille　🎧 25'

la mère 母　le grand-père 祖父　la grand-mère 祖母　le père 父
le frère 兄・弟　moi 私　la sœur 姉・妹

2 名詞の性と数を確かめ、所有形容詞を入れましょう。

1) (　　　) frère　君の兄　　　2) (　　　) amis　私の友人たち
3) (　　　) nom　彼女の名字　　4) (　　　) sœur　彼の妹
5) (　　　) ville　私たちの町　　6) (　　　) adresse　私の住所

3　動詞の否定形　🎧 26

動詞の活用形を **ne... pas** ではさむと、否定形になります。母音字や無音の h の前で、ne は n' となります。

肯定　　　　　　　　　　否定

Je suis étudiant.　→　Je **ne** suis **pas** étudiant.　　僕は学生ではありません。

C'est mon sac.　→　Ce **n'**est **pas** mon sac.　　それは私のバッグではありません。

J'ai une voiture.　→　Je **n'**ai **pas** de voiture.　　私は車を持っていません。

● 否定文では、直接目的語につく不定冠詞と部分冠詞は de (d') に変わります。il y a を使った文の冠詞も同様です（il n'y a pas de...）。

■ 肯定と否定の問いに対する答え方（あなたが学生だという前提で）

Vous êtes étudiant ? ― **Oui.**

Vous êtes professeur ? ― **Non.**

Vous n'êtes pas étudiant ? ― **Si.**　　「いいえ、私は学生です」の意味。

Vous n'êtes pas professeur ? ― **Non.**

3 否定文に書きかえ、意味も考えましょう。

1) Il est gentil.　　→　...

2) Vous avez chaud ?　→　...

3) C'est ma faute.　　→　...

4) Nous sommes contents.　→　...

┈┈┈┈┈┈┈┈ さまざまな否定表現 ┈┈┈┈┈┈┈┈
🎧 27

Il **n'**est **plus** à Paris.　　　　　　彼はもうパリにはいない。

Vous **n'**êtes **jamais** seul.　　　　あなたはけっして1人ではない。

Je **n'**ai **rien** dans ma poche.　　私はポケットに何も持っていない。

Il **n'**y a **personne** dans le jardin.　庭には誰もいない。

Je **n'**ai **que** 10 euros.　　　　　私は10ユーロしか持っていない。

version

Bon voyage ! 🎧 28

La mère : Tu as ton passeport ?

Julie : Oui, dans mon sac.

Le père : Tu as ton portable ?

Julie : Oui, dans ma poche.

La mère : Et ton portefeuille ?

Julie : Mais oui ! Vous êtes trop inquiets !

Je ne suis plus une petite fille.

Le père et la mère : Alors, bon voyage !

LEÇON 4 Bonne chance ! 幸運を祈る！

écoutez et répétez

1 **Ce gâteau est très bon !** 🎧 29
   このケーキはとてもおいしい！
2 **Il parle français et anglais.**
   彼はフランス語と英語を話します。
3 **Moi, j'aime beaucoup le cinéma.**
   私はね、映画が大好き。
4 **J'ai rendez-vous avec lui* ce soir.**
   私は今晩彼と会う約束があります。
   * avoir rendez-vous avec... : 〜と会う約束がある

grammaire et exercices

1 指示形容詞 30

名詞の前について、「この」「その」「あの」などをあらわします。名詞の性と数に応じた形を使います。遠近の区別はなく、ひとつの指示形容詞が近いものも遠いものも指すことができます。

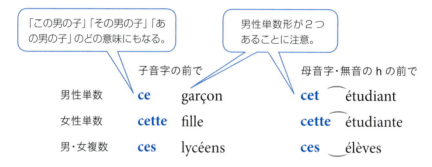

- 時をあらわす名詞の前では、「今〜」の意味になります。

   ce matin　今朝　　　cet après-midi　今日の午後

   cette semaine　今週　　cette année　今年

---

prononciation　— 注意すべき子音字 —　🎧 31

- ch 「シャ」行（まれに「カ」行）　　**ch**ance　　**ch**âteau　/　or**ch**estre
- ph fと同じ音　　　　　　　　　　　**ph**oto　　**ph**armacie　　ty**ph**on
- qu kと同じ音　　　　　　　　　　　**qu**alité　　musi**que**　　**qu**i
- th tと同じ音　　　　　　　　　　　**th**é　　ry**th**me　　Ca**th**erine

1 名詞の性と数に注意して、指示形容詞をつけましょう。意味も調べましょう。

1) (　　　) rue　　2) (　　　) maisons　　3) (　　　) hôtel

4) (　　　) magasin　　5) (　　　) avenue　　6) (　　　) appartement

2 -er 型規則動詞の現在形　

不定詞の語尾が -er で終わる動詞のほとんどは同じグループに属し、共通の語尾変化をします。-er 型規則動詞（第1群規則動詞とも呼ぶ）は、全動詞の90％以上を占めているので、活用形をしっかり覚えましょう。

parler (話す)				aimer (好む、愛する)		
je	parle	nous	parlons	j'aime	nous	aimons
tu	parles	vous	parlez	tu aimes	vous	aimez
il	parle	ils	parlent	il aime	ils	aiment
elle	parle	elles	parlent	elle aime	elles	aiment

斜体の語尾の部分は読まない。従って nous, vous 以外は、動詞の活用はすべて同じ発音。

2 主語に合わせて -er 型規則動詞を活用させて入れましょう。意味も考えましょう。

1) J'(　　　) le français. ［étudier］

2) Vous (　　　) à Paris ? ［habiter］

3) Elle (　　　) un joli pull. ［porter］

4) Mon père (　　　) comme pilote chez Air France. ［travailler］

5) Monsieur et madame Dupont (　　　) avec mes parents. ［parler］

国・国民・言語　🎧 33

日本	le Japon	un(e) Japonais(e)	le japonais
フランス	la France	un(e) Français(e)	le français
イギリス	l'Angleterre	un(e) Anglais(e)	l'anglais
ドイツ	l'Allemagne	un(e) Allemand(e)	l'allemand
中国	la Chine	un(e) Chinois(e)	le chinois
韓国	la Corée	un(e) Coréen(ne)	le coréen

● 「〜人」は、冠詞がつかないときは小文字で始めます。

3 強勢形の人称代名詞

主語の人称代名詞は必ず動詞を伴わなければなりませんが、単独で強調に用いたり、前置詞とともに用いたりできるのが強勢形の人称代名詞です。C'est のあとでも使われます。

moi	私	**nous**	私たち
toi	君	**vous**	あなた、あなたたち、君たち
lui	彼	**eux**	彼ら
elle	彼女	**elles**	彼女ら

C'est pour toi.

Allô ?... Oui, c'est moi.

・・・・・ 職業名　les professions ・・・・・　34'

médecin	医者	avocat(e)	弁護士	journaliste	ジャーナリスト
vendeu*r*(se)	店員	employé(e)	勤め人	ingénieur	エンジニア
agent de police	警官	cuisini*er*(ère)	料理人		

3 強勢形の人称代名詞に書きかえましょう。

1) je →　　　　　　　2) vous →　　　　　　　3) elle →

4) il →　　　　　　　5) Marie →　　　　　　　6) tu →

7) Paul et Marie →　　　　　　　8) Marie et Catherine →

・・・・・ 数詞 11〜20　les nombres ・・・・・　35

11	onze	12	douze	13	treize	14	quatorze	15	quinze
16	seize	17	dix-sept	18	dix-huit	19	dix-neuf	20	vingt

• 20以降は p.73 にあります。

発音に注意！

version

Bonne chance !

Sylvie est à la bibliothèque universitaire.

Elle porte des écouteurs.

Alain : Tiens, Sylvie ! Tu écoutes de la* musique ici ?

Sylvie : Ah, Alain ! Non, j'étudie.

Alain : Et ces écouteurs ?

Sylvie : J'écoute de l'anglais*. J'ai un examen demain.

Alain : Alors, bon courage et bonne chance !

* この de la, de l' は部分冠詞
- 活用している動詞 : être, porter, écouter, étudier, avoir

➡ Révisions (p.67)

LEÇON 5 Bon appétit ! 召し上がれ！

écoutez et répétez

1 **Je vais aux États-Unis en juillet.** 🎧 37
   私は7月にアメリカへ行きます。

2 **Tokyo est la capitale du Japon.**
   東京は日本の首都です。

3 **Est-ce que tu vas souvent au cinéma ? — Oui, tous les week-ends*.**
   映画にはよく行くの？ —うん、毎週末に。

4 **Êtes-vous fatigué ? — Non, ça va.**
   お疲れですか？ —いえ、大丈夫です。　　　＊tous（toutes）les + 時関係の語：毎〜

grammaire et exercices

1　前置詞 à, de と定冠詞の縮約　🎧 38

前置詞の à と de は、とてもよく使われる前置詞です。この2つは、後ろに続く定冠詞が le か les のときに一体化して1語になります。この形を縮約形といいます。

$$à + \begin{cases} le \to au \\ la = à\ la \\ les \to aux \\ l' = à\ l' \end{cases} \qquad de + \begin{cases} le \to du \\ la = de\ la \\ les \to des \\ l' = de\ l' \end{cases}$$

une tarte **au** chocolat　チョコレートのタルト　　　la couleur **du** ciel　空の色

une tarte **aux** fraises　イチゴのタルト　　　　　　la couleur **des** yeux　目の色

> ここに含まれる à は「〜の入った」「〜のついた」という意味。

---

prononciation ― 母音字 + il ― 🎧 39

• ail(l)　「アイユ」	trav**ail**	trav**ail**ler	vitr**ail**
• eil(l)　「エイユ」	cons**eil**ler	sol**eil**	somm**eil**
• euil(l)「ウイユ」	faut**euil**	millef**euil**le	
• ill　「イユ／イル」	f**ill**e	fam**ill**e / m**ill**e	v**ill**e

1 正しい縮約形を入れましょう。意味も考えましょう。

1) J'ai mal (　　) ventre*.
2) J'ai mal (　　) dents.
3) Je travaille (　　) matin (　　) soir**.

＊ avoir mal à ～ :「～が痛い」　　＊＊ de ～ à ～ :「～から～まで」

2 不規則動詞 aller, venir の現在形　🎧 40

基本的には英語の go と come に当たりますが、英語にはないさまざまな意味や使い方があります。

> 不定詞語尾が -er でも、規則動詞ではないことに注意。

aller (行く)				venir (来る)			
je	vais	nous	allons	je	viens	nous	venons
tu	vas	vous	allez	tu	viens	vous	venez
il	va	ils	vont	il	vient	ils	viennent
elle	va	elles	vont	elle	vient	elles	viennent

■ 他の動詞との組み合わせ

aller + 不定詞：～しに行く

aller + 不定詞：～するところだ、～しようとしている（近い未来）

venir + 不定詞：～しに来る

venir de (d') + 不定詞：～したばかりだ、～したところだ（近い過去）

aller / venir ＋前置詞＋国名　🎧 40'

日本へ行く　　　　aller au Japon　　（男性名詞国名のときは à ＋定冠詞＋国名）
フランスへ行く　　aller en France　　（女性名詞国名のときは en ＋無冠詞国名）
日本から来る　　　venir du Japon　　（男性名詞国名のときは de ＋定冠詞＋国名）
フランスから来る　venir de France　　（女性名詞国名のときは de ＋無冠詞国名）

2 主語に合わせて aller または venir を活用させて入れましょう。意味も考えましょう。

1) Ils (　　) au Canada. [aller]
2) Nous (　　) de Chine. [venir]
3) Je (　　) au travail très tôt le matin. [aller]
4) Mon père (　　) de rentrer. [venir]
5) Il (　　) venir bientôt. [aller]

┌───┐
│　　　　　　　　　12か月　　les douze mois de l'année
│　　　　　　　　　　　　　　　　　　　　　　　　　　🎧 41
│　　1月　janvier　　2月　février　　3月　mars　　4月　avril
│　　5月　mai　　　　6月　juin　　　7月　juillet　8月　août
│　　9月　septembre　10月　octobre　11月　novembre　12月　décembre
│
│ ● 月の名は小文字で始めます。
│ ●「～月に」は、en... または au mois de... を使います。
└───┘

3　疑問文　　　　　　　　　　　　　　　　　　🎧 42

疑問文には 3 つの形があります。③ が最も丁寧な表現です。

　① 文の最後を上げて発音する。　　Vous êtes fatigué ?
　② 文の頭に Est-ce que (qu') をつける。　**Est-ce que** vous êtes fatigué ?
　③ 主語と動詞を倒置する。　　**Êtes-vous** fatigué ?

être の倒置形　　　　　　　　　**avoir の倒置形**　　　　🎧 42'

suis-je　　　sommes-nous　　　　ai-je　　　　avons-nous
es-tu　　　　êtes-vous　　　　　as-tu　　　　avez-vous
est-il　　　 sont-ils　　　　　　a-t-il　　　 ont-ils
est-elle　　 sont-elles　　　　　a-t-elle　　 ont-elles

　倒置形は、あいだに　　　　　　主語が il, elle で、動詞活用語尾が母音字の
　「-」を入れる。　　　　　　　　場合は、あいだに -t- を入れる。

● 倒置形にできる主語は、人称代名詞と ce だけです。それ以外の主語の場合は、主語を代名詞に置きかえて倒置します。Marie est-elle fatiguée ?
● -er 型規則動詞では、主語が je のとき倒置形を用いません。

　上記の番号にしたがって質問を疑問文にしましょう。意味も考えましょう。

1) Tu aimes le football ?　　　② → _____
　 — Oui, bien sûr.

2) Vous aimez l'été ?　　　　　③ → _____
　 — Oui, beaucoup.

3) Elle aime le chocolat ?　　　③ → _____
　 — Mais oui.

4) Ils aiment les mathématiques ?　② → _____
　 — Non, pas du tout.

version

Bon appétit ! 🎧 43

Laurent, 10 ans, vient de rentrer de l'école.

A-t-il un peu* faim ? Oui.

Sa mère va préparer des croque-monsieur**.

Des tranches de pain de mie, du beurre, du jambon et du fromage.

10 minutes au four et ça y est*** ! Bon appétit !

    *　un peu：少し
   **　croque-monsieur：クロックムッシュー（ハムとチーズのトーストサンド）。複数形不変
  ***　ça y est：さあできた
  ●　活用している動詞：venir, avoir, aller, être

LEÇON 6 Bonnes vacances !
楽しいヴァカンスを！

écoutez et répétez　　　🎧 44

1　**Mon frère finit ses études l'année prochaine.**
　　兄は来年学業を終えます。

2　**Quel âge avez-vous ? — J'ai vingt ans.**
　　おいくつですか？ ― 20歳です。

3　**Où habitez-vous ? — J'habite dans le 16ᵉ* arrondissement.**
　　どこに住んでいるのですか？ ―16区に住んでいます。

4　**Comment allez-vous** ? — Très bien, merci.**
　　ご機嫌いかがですか？ ― とても元気です、ありがとう。

　　　　　　　　　　　　　　　　* 16ᵉ = seizième : 16番目の（→ p. 32）
　　　　　　　　　　　　**動詞 aller は「体の具合が～だ」の意味にも使う

grammaire et exercices

1　-ir 型規則動詞の現在形　　　🎧 45

不定詞の語尾が -ir で終わる動詞の一部は同じグループに属し、共通の語尾変化をする規則動詞（第2群規則動詞とも呼ぶ）です。語尾が -ir でも、不規則動詞もありますので、辞書の活用表番号で確認しましょう。

finir（終える、終わる）			
je	fin**is**	nous	fin**issons**
tu	fin**is**	vous	fin**issez**
il	fin**it**	ils	fin**issent**

ディコ仏和辞典では、活用表番号 ④ のついた動詞は -ir 型規則動詞。

語尾が -ir でも、活用表番号が異なる動詞は別の不規則動詞。

　上記の活用形の共通語尾をよく見て、主語に合わせて -ir 型規則動詞を活用させて入れましょう。意味も考えましょう。

1）Il （　　　　　） un T-shirt bleu. ［choisir］

2）Les cerisiers （　　　　　） fin mars. ［fleurir］

3）Nous （　　　　　） le repas par des fruits. ［finir］

4）Cet enfant n' （　　　　　） pas à ses parents. ［obéir］

2 疑問形容詞 🎧 46

名詞の前について、「何の」「どんな」をあらわしたり、être をはさんで「何」「どれ」をあらわしたりする疑問詞です。形容詞の一種なので、性・数変化があります。

	一致	
男性単数	**Quel** animal	aimez-vous ? 何の（どんな）〜が好きですか？
男性複数	**Quels** sports	
女性単数	**Quelle** saison	
女性複数	**Quelles** fleurs	

母音字や無音のh で始まる語とは、つなげて読む（アンシェヌマン）

男性単数	**Quel** est votre animal préféré ? あなたの好きな〜は何ですか？
男性複数	**Quels** sont vos sports préférés ?
女性単数	**Quelle** est votre saison préférée ?
女性複数	**Quelles** sont vos fleurs préférées ?

一致

● 疑問形容詞は感嘆詞としても使います。
　Quel beau temps !　なんとよい天気でしょう！

┈┈┈┈┈┈┈┈┈┈ 四季　les quatre saisons ┈┈┈┈┈┈┈┈┈┈ 🎧 46'
　春　le printemps　　夏　l'été　　秋　l'automne　　冬　l'hiver
　春に　au printemps　夏に　en été　秋に　en automne　冬に　en hiver

📝 **2** 名詞の性・数に注意して、疑問形容詞を入れましょう。意味も考えましょう。

1) (　　　) est votre nationalité ? — Je suis japonais.
2) (　　　) sport pratiquez-vous ? — Le football.
3) (　　　) sont ces arbres ? — Des sapins.
4) (　　　) chansons aimez-vous écouter dans la voiture ? — De la pop.

―――― 衣服　les vêtements ――――　🎧 47

un T-shirt　un chapeau　une chemise　une veste　une robe　une écharpe　un manteau　un pantalon　des chaussures

3 疑問副詞

場所・時・様態などを尋ねるときに使う疑問詞です。

どこに（で）	**Où** vas-tu ? — Je vais chez Isabelle.
いつ	**Quand** finissez-vous les cours ? — Mi-juin.
なぜ	**Pourquoi** est-il absent ? — Parce qu'il a la grippe.
どのように、どんな	**Comment** est votre voiture ? — Elle est petite et rouge.
どれほど、いくら	C'est **combien** ? — 5 euros.

> pourquoi と parce que (qu') はセットで覚えよう。

■ **疑問副詞を用いた疑問文の形**（③が最も丁寧 → p.28）

① Vous allez **où** ?

② **Où** est-ce que vous allez ?

③ **Où** allez-vous ?

3 文の意味を考えて、質問と答とを結びましょう。

1) Pourquoi pleure-t-il ?　　　　　　　・　　　・ a) —Pendant ces vacances.

2) Quand est-ce que tu vas en France ?　・　　・ b) —Je suis devant le Louvre.

3) Où êtes-vous ?　　　　　　　　　　・　　　・ c) —Je vais à Nice.

4) Comment passez-vous vos vacances ? ・　　・ d) —Parce qu'il a mal aux dents.

序数詞（〜番目の）

1er (1ère) premier (première)	2e deuxième / second(e)
3e troisième	4e quatrième	5e cinquième
6e sixième	7e septième	8e huitième
9e neuvième	10e dixième	
20e vingtième	21e vingt et unième	

例) le 21e siècle : 21 世紀　　　le 3e étage : 4 階

> 2番目までしかないものには、一般的に second(e) を用いる。

> 日本とは階の数え方が異なることに注意。

● 基本は〈数字 + ième〉ですが、4e, 5e, 9e などはつづりが変わります。

quatr**e** → quatrième　　cinq → cinq**u**ième　　neu**f** → neu**v**ième

version

Bonnes vacances ! 🎧 50

En France, l'année universitaire finit en juin.

C'est bientôt la saison des vacances.

Chloé : Où est-ce que tu vas passer tes vacances ?

Louise : Je vais aller au Japon.

Chloé : Fantastique ! Quelles villes vas-tu visiter ?

Louise : Tokyo, Kyoto et Hiroshima.

Chloé : C'est vraiment formidable ! Alors, bonnes vacances et bon voyage !

Louise : Bonnes vacances à toi aussi !

● 活用している動詞 : finir, être, aller

➡ Révisions (p.68)

LEÇON 7 Bon anniversaire !

誕生日おめでとう！

écoutez et répétez 🎧 51

1 **Je t'aime.**
   愛しているよ。

2 **Je vous donne mon adresse e-mail.**
   あなたに私のメールアドレスをお教えします。

3 **Je prends ça.**
   〔お店で〕これにします。

4 **Nous avons visité le château de Versailles*.**
   私たちはヴェルサイユ宮殿を訪れました。

　　　　＊le château de Versailles：パリ近郊の町ヴェルサイユにあるルイ14世が建てた宮殿。

grammaire et exercices

1 目的語の人称代名詞 🎧 52

「〜を」（直接目的語）や「〜に」（間接目的語）などをあらわす代名詞です。人称によって形が異なり、位置も英語と違って動詞の前に置かれます。

■**直接目的**　〈前置詞のつかない目的語に置きかわる。〉

私を	**me (m')**	私たちを	**nous**
君を	**te (t')**	あなた（たち）を、君たちを	**vous**
彼を、それを	**le (l')**	彼らを、それらを	**les**
彼女を、それを	**la (l')**	彼女らを、それらを	**les**

■**間接目的**　〈前置詞 à + 人〉に置きかわる。〉

私に	**me (m')**	私たちに	**nous**
君に	**te (t')**	あなた（たち）に、君たちに	**vous**
彼に	**lui**	彼らに	**leur**
彼女に	**lui**	彼女らに	**leur**

〈男・女の区別はない。〉

■**語順**　〈代名詞になると動詞の前に置かれる。〉

J'aime **Paul**.　私はポールを愛している。　→ Je **l'**aime.　私は彼を愛している。

Je téléphone **à Marie**.　私はマリーに電話する。　→ Je **lui** téléphone.　私は彼女に電話する。

日本語を参考にして、目的語の人称代名詞を入れましょう。

1) Je (　　　) recommande ce vin.　君にこのワインを勧めるよ。
2) Jean (　　　) aime.　ジャンは私を愛している。
3) Je (　　　) laisse un message.　私は彼に伝言を残します。
4) Elle (　　　) invite à dîner.　彼女は彼らを夕食に招きます。

2　不規則動詞 prendre, faire の現在形　🎧 53

それぞれ違う活用形を持つ動詞ですが、どちらもさまざまな意味を持つ基本的な動詞です。

発音に注意！

prendre（取る、〜に乗る）			
je	prends	nous	prenons
tu	prends	vous	prenez
il	prend	ils	prennent

（過去分詞 pris）

faire（〜をする、作る）			
je	fais	nous	faisons
tu	fais	vous	faites
il	fait	ils	font

（過去分詞 fait）

過去分詞の用途は p.36 を参照。

2　prendre または faire を活用させて入れましょう。

1) Je (　　　) mon petit déjeuner.　私は朝食をとります。
2) Tu (　　　) très bien la cuisine.　君は料理がうまいね。
4) Elle (　　　) le métro pour aller au travail.　彼女は仕事に行くのに地下鉄に乗ります。
2) Je (　　　) le ménage tous les jours.　私は毎日掃除をします。

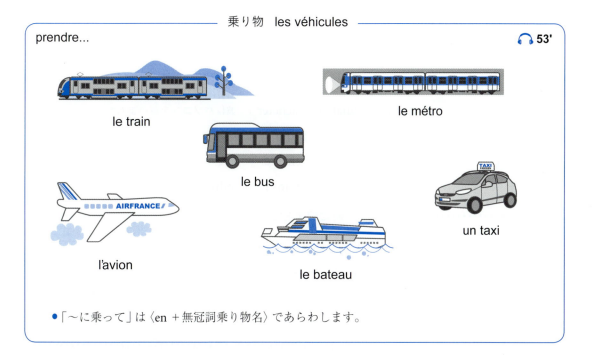

乗り物　les véhicules　🎧 53'

prendre...

le train
le métro
le bus
l'avion
le bateau
un taxi

● 「〜に乗って」は〈en +無冠詞乗り物名〉であらわします。

3 複合過去【1】（助動詞 avoir） 54

もっともよく使われる過去形です。現在形とは異なり、英語の現在完了形のように助動詞を使います。現在から見て完了した事柄をあらわします。

■ 複合過去の形： avoir の現在形 ＋ 過去分詞

過去分詞だけでは過去形にならないことに注意。

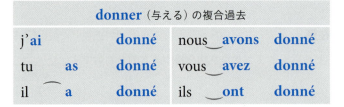

donner（与える）の複合過去

j'ai donné	nous avons donné
tu as donné	vous avez donné
il a donné	ils ont donné

辞書の動詞活用表では、不定詞枠内の一番下に過去分詞がある。

■ 過去分詞

不定詞語尾が -er の動詞 → **-é**　　acheter → **acheté**
finir 型規則動詞 → **-i**　　finir → **fini**

＊不規則動詞の過去分詞はさまざまなので、活用表で確かめましょう。

■ 語順

否定： je n'**ai** pas **donné**
倒置疑問： **avez**-vous **donné**

代名詞は助動詞の前。

目的語の人称代名詞： J'ai acheté ce pull hier. → Je l'ai acheté hier.
　　　　　　　　　私は昨日このセーターを買いました。→私は昨日それを買いました。

■ 過去分詞の性・数一致の規則

動詞より前に直接目的があるとき、過去分詞はその性・数に一致します。

J'ai acheté cette veste hier. → Je l'ai achetée hier.
　　　　　　　　　私は昨日このジャケットを買いました。→私は昨日それを買いました。

3 指定の動詞を複合過去形にして入れましょう。

1) Il (　　　　　) un ordinateur.［acheter］　彼はパソコンを買いました。
2) J' (　　　　　) mon déjeuner.［finir］　私は昼食を終えました。
3) Nous (　　　　　) ensemble.［chanter］　私たちはいっしょに歌いました。
4) Tu (　　　　　) beaucoup de photos !［prendre］　たくさん写真を撮ったね！

・・・・・・・・・・・・・・・・・ 時に関することば ・・・・・・・・・・・・・・・・・　54'

昨日	hier	今日	aujourd'hui	明日	demain
先週	la semaine dernière	今週	cette semaine	来週	la semaine prochaine
先月	le mois dernier	今月	ce mois-ci	来月	le mois prochain
去年	l'année dernière	今年	cette année	来年	l'année prochaine

version

Bon anniversaire ! 🎧 55

Denis est un garçon très étourdi.

Aujourd'hui encore, il cherche son portefeuille dans sa chambre,

dans le salon, dans la cuisine et même* dans la salle de bains.

Sa mère l'appelle :

— Qu'est-ce que** tu fais là ? Le dîner est prêt. À table !

Dans la salle à manger, Denis trouve un gros gâteau sur la table.

Et toute la famille le félicite :

— Bon anniversaire, Denis !

Denis a complètement oublié son propre anniversaire !

* même : ～さえ
** Qu'est-ce que : 何を (→ p.38)
● 活用している動詞: être, chercher, appeler（活用表⑦), faire, trouver, féliciter, oublier

LEÇON 8 Bonne journée ! よい一日を！

écoutez et répétez

🎧 56

1. **Qui est là* ?** — **C'est moi, Christian.**
   どなた？ —僕だよ、クリスチアンだよ。

2. **Qu'est-ce que tu prends comme dessert** ?** — **De la glace.**
   デザートは何にする？ —アイスクリームにする。

3. **Que voyez-vous sur cette image ?** — **Je vois un papillon.**
   この画像に何が見えますか？ —蝶が見えます。

4. **Ma fille est rentrée très tard, vers minuit.**
   娘はとても遅く0時頃に帰宅しました。

*être là : そこにいる、在宅している
**comme ＋無冠詞名詞 : 〜として

grammaire et exercices

1 疑問代名詞

🎧 57

「誰〜」「何〜」を尋ねる疑問詞です。基本は「誰」が Qui、「何」が Que (Qu') です。「何が」以外は、同じ意味で2種類の形（単純形と複合形）があります。

■誰

> 主語が疑問詞のときは、動詞は il, elle の活用（3人称単数）。

単純形	複合形
Qui chante ?	**Qui est-ce qui** chante ? 誰が歌っているのですか？
Qui cherchez-vous ?	**Qui est-ce que** vous cherchez ? 誰を探しているのですか？

Qui est-ce que は母音字や無音の h の前で Qui est-ce qu' となる。

倒置が不要

- qui の前に前置詞をつけることもできます。

   Avec **qui** sortez-vous ce soir ? 今夜は誰と出かけるのですか？

■何

単純形	複合形
————	**Qu'est-ce qui** manque ? 何が足りないのですか？
Que cherchez-vous ?	**Qu'est-ce que** vous cherchez ? 何を探しているのですか？

Qui est-ce que は母音字や無音の h の前で Qui est-ce qu' となる。

倒置が不要

- 前置詞をつける場合、que は quoi と変化します。

   De **quoi** parlent-ils ? 彼らは何について話しているのですか？

1

日本語を参考にして、狭いカッコ内には Qui か Que を、広いカッコ内には Qui est-ce qui か Qu'est-ce que を入れましょう。

1) (　　　　) regardez-vous ? — Cet oiseau-là.　何を見ているのですか？　―あの鳥です。
2) (　　　　) a fait ce gâteau ? — C'est ma sœur.　誰がこのケーキを作ったの？　―姉です。
3) (　　　　　　) tu as dans ta poche ? — Du chocolat.
　　　　　　　　　　　　　何をポケットに持っているの？　―チョコレートだよ。
4) (　　　　　　) a pris ces photos ? — C'est moi.　誰がこの写真を撮ったの？　―私です。

2　不規則動詞 voir, partir の現在形　🎧58

それぞれ別の活用形を持つ、頻度の高い動詞です。

voir (見える、〜に会う)			
je	vois	nous	voyons
tu	vois	vous	voyez
il	voit	ils	voient

（過去分詞 vu）

partir (出発する)			
je	pars	nous	partons
tu	pars	vous	partez
il	part	ils	partent

（過去分詞 parti）

> voir は他動詞なので、「〜に会う」という場合でも「〜に」は直接目的になることに注意。

> 同じ活用グループの動詞に sortir (出る、出す)、dormir (眠る) など。

2

voir または partir を現在形に活用させて入れましょう。

1) Notre train (　　　　) de la voie 2.　私たちの（乗る）列車は2番線から発車します。
2) Je le (　　　　) souvent.　私は彼によく会います。
3) Vous (　　　　) les lumières là-bas ? Ça, c'est l'avenue des Champs-Élysées.
　　　　　　あそこの灯りが見えるでしょう？　あれがシャンゼリゼ大通りです。
4) Quand (　　　)-tu en vacances ? — Dans deux jours.
　　　　　　ヴァカンスにはいつ発つの？　―2日後に。

年月日　🎧58'

〜月〜日：〈le + 日付の数字 + 月〉
　例）1月1日　le 1er janvier　＊1日(ついたち)だけは数字でなく、序数詞を使います。

〜年〜月〜日：〈le + 日付の数字 + 西暦〉
　例）2015年7月14日　le 14 juillet 2015

〜年に：〈en + 西暦〉
　例）1789年に　en 1789

3 複合過去【2】（助動詞 être）

複合過去【1】では、avoir を助動詞として用いる形を学びましたが、自動詞の一部は、être を助動詞として複合過去を作ります。助動詞の使い分けは辞書で確かめることができます。

- avoir が助動詞：他動詞すべて、自動詞の大部分
- être が助動詞：自動詞のうち、往来生死に関わる意味を持つ動詞（カッコ内は過去分詞）

　　aller（allé）行く　　　　↔　　venir（venu）来る
　　partir（parti）出発する　↔　　arriver（arrivé）到着する
　　entrer（entré）入る　　　↔　　sortir（sorti）出る
　　monter（monté）上がる　 ↔　　descendre（descendu）降りる、泊まる
　　naître（né）生まれる　　 ↔　　mourir（mort）死ぬ
　　rester（resté）とどまる
　　rentrer（rentré）帰る　など

être を助動詞に用いる動詞は、辞書に「助動詞は être」などと記載がある。

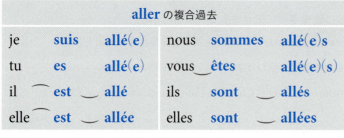

■複合過去の形： être の現在形 ＋ 過去分詞　　　　　　　　　

	aller の複合過去				
je	suis	allé(e)	nous	sommes	allé(e)s
tu	es	allé(e)	vous	êtes	allé(e)(s)
il	est	allé	ils	sont	allés
elle	est	allée	elles	sont	allées

主語の性・数に合わせて過去分詞 allé の語尾に e や s や es がつく。

- 過去分詞には主語との性・数一致が必要です。

3 指定の動詞を複合過去形にして入れましょう。過去分詞の性・数一致に注意しましょう。

1) Elle（　　　　　　　）chez moi hier soir.［venir］　彼女は昨晩私の家に来ました。
2) Les enfants（　　　　　　　）au zoo.［aller］　子供たちは動物園に行きました。
3) Il（　　　　　　）le 10 septembre.［naître］　彼は9月10日に生まれました。
4) Nous（　　　　　　　）dans une crêperie.［entrer］
　　　　　　　　　　　　　　　　　　私たち（女性複数）はクレープ屋に入りました。

LEÇON 8

version

Bonne journée ! 🎧 60

Tomoko et Masami, étudiantes japonaises, sont arrivées à Paris.

Elles sont descendues dans un hôtel près de la place de la Concorde*.

〔Le lendemain matin〕

Le réceptionniste : Bonjour, mesdemoiselles.

Qu'est-ce que vous allez voir aujourd'hui ?

Tomoko : Nous allons visiter la tour Eiffel, l'Arc de Triomphe, le Louvre…

Masami : Notre-Dame et le musée d'Orsay**…

Le réceptionniste : Oh ! Tout ça*** ! Bonne journée !

　　* la place de la Concorde :（パリ 8 区にある）コンコルド広場
　** la tour Eiffel… le musée d'Orsay : 教科書や辞書のパリ市街地図で確認しましょう
*** tout ça : そんなにたくさん
- 活用している動詞 : arriver, descendre, aller

➡ **Révisions** (p.69)

LEÇON 9 Bon après-midi ! よい午後を！

écoutez et répétez

1 **Quelle heure est-il ? — Il est dix heures.** 🎧 61
   何時ですか？ —10時です。

2 **Il fait beau ce matin !**
   今朝はよい天気です！

3 **Voulez-vous du café ? — Je veux bien*, merci.**
   コーヒーはいかがですか？ —いただきます、ありがとうございます。

4 **Pouvez-vous venir à mon bureau ? — Oui, tout de suite.**
   私のオフィスに来ていただけますか？ —はい、すぐに。

*Je veux bien：勧めに対する承諾の表現

grammaire et exercices

1 非人称表現 🎧 62

意味を持たない il を文法上の主語として用いる表現です。時刻・天候などをあらわすときに使います。

■非人称表現に用いられる動詞の例

①一般動詞の非人称用法

> 主語が常に il なので、動詞は il の活用形のみ。

　　être ：〈**Il est** ＋時刻〉 ～時（～分）だ。

　　faire ：〈**Il fait** ＋形容詞・名詞〉 ～な天気（気候）だ。

***être** [ɛtr エトる] ② (過分 *été*)
(英 be / being)
—自動
① 《*être* ＋属詞》…である：Je *suis* très occupé. 私はとても忙しい / Il *est* ingénieur. 彼はエンジニアだ / Ma fille veut ～ infirmière. 私の娘は看護婦になりたがっている / Elle *est* française. 彼女はフランス人

> 一般動詞の場合は、「非人称」と書かれている箇所を見ると用法が説明されている。

非人称動詞 《*Il est*…》
[時間] Quelle heure *est-il*? — *Il est* six... 「何時ですか」「6時です」/ Il *est* tard, il est temps de se coucher. もう遅い, 寝る時間だ.

②本来の非人称動詞（非人称表現でしか用いられない）

　　falloir ：〈**Il faut** ＋不定詞・名詞〉 ～しなければならない、～が必要である。

　　pleuvoir ：**Il pleut.** 雨が降る（降っている）。

　　neiger ：**Il neige.** 雪が降る（降っている）。

42

·········· 時刻の表現 ··········

🎧 62'

Il est une heure. （1 h） huit heures. （8 h）
deux heures. （2 h） neuf heures. （9 h） 発音に注意。
trois heures. （3 h） dix heures. （10 h）
quatre heures. （4 h） onze heures. （11 h）
cinq heures. （5 h） midi. （12 h）
six heures. （6 h） minuit. （24 h）
sept heures. （7 h）

Il est deux heures cinq. （2 h 05）

Il est neuf heures moins dix. （8 h 50）

● 15分ごとの日常的な言い方

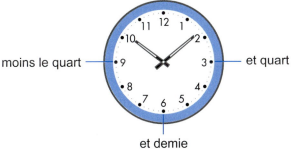

例）Je suis arrivé à huit heures et demie.　私は8時半に着きました。

À quelle heure partez-vous demain ?　明日は何時に出発しますか？

— Je pars à six heures du soir.　夕方6時に出発します。

·········· 天気の表現 ··········

🎧 63

Il fait beau. 天気がよい。 Il fait mauvais. 天気が悪い。
Il fait chaud. 暑い。 Il fait froid. 寒い。
Il fait doux. 暖かい。 Il fait frais. 涼しい。
Il y a du vent. 風がある。 Il y a des nuages. 曇っている。
Il fait 20 degrés. （気温は）20度だ。

 次の非人称構文の意味を考えましょう。

1) Il est déjà onze heures et quart !

2) Quelle heure est-il à Paris ? — Il est cinq heures du matin.

3) À Tokyo, il fait très chaud en été.

4) Il faut arriver avant midi.

2 不規則動詞 vouloir, pouvoir の現在形

現在形の活用がよく似ている動詞です。

> 日常表現で「依頼・勧誘」もあらわす。

vouloir (欲しい、～したい)			
je	veux	nous	voulons
tu	veux	vous	voulez
il	veut	ils	veulent

（過去分詞 voulu）

> 日常表現で「丁寧な依頼」「許可」もあらわす。

pouvoir (～できる)			
je	peux	nous	pouvons
tu	peux	vous	pouvez
il	peut	ils	peuvent

（過去分詞 pu）

● どちらの動詞も、後ろに別の動詞の不定詞を置いて文を作ることができます。

　Je **veux** aller en France.　私はフランスに行きたい。

　Il ne **peut** pas venir ce soir.　彼は今夜来られない。

2 vouloir または pouvoir を活用させて入れましょう（現在形）。

1）Si vous（　　　　　）, nous（　　　　　）vous aider.

　　　　　　　　　　　　　　　　お望みでしたら、私たちはお手伝いできます。

2）（　　　　　）-tu fermer la porte ?　― D'accord.　ドアを閉めてちょうだい。―わかった。

3）Maintenant, vous（　　　　　）entrer.　さあ入ってもいいですよ。

4）Est-ce que je（　　　　　）vous prendre en photo ?　あなたの写真を撮ってもいいですか？

3 主語代名詞 on

人々を指したり、会話で nous の代わりに使ったりする主語の代名詞です。文法的には3人称単数扱いなので、動詞は常に il の活用形を用います。

　Au Japon, **on** trouve des temples partout．　日本では、いたるところに寺社があります。

　On va prendre un café ?　コーヒーを飲みに行こうか？

version

Bon après-midi !   🎧 66

Catherine est dans un café.

Il est bientôt midi.

Elle veut repartir mais il a commencé à pleuvoir* et

elle n'a pas de parapluie.

Au Japon, on peut acheter un parapluie jetable** partout , mais en France, ce n'est pas pareil.

Elle prend son temps pour*** manger un sandwich.

Heureusement, la pluie va cesser.

Bon après-midi !

* il a commencé à pleuvoir : 非人称表現の il pleut と commencer の組み合わせ
** parapluie jetable : 使い捨て傘
*** prendre son temps pour... : 時間をかけて〜する
- 活用している動詞 : être, vouloir, commencer, avoir, pouvoir, prendre, aller

LEÇON 10 Bonne soirée ! よい晩を！

écoutez et répétez

1 **D'habitude, je me couche vers minuit.** 🎧 67
　　ふだん私は0時頃に寝ます。

2 **Je m'appelle Lucie Leroy.**
　　私はリュシー・ルロワといいます。

3 **J'étais lycéen à cette époque-là.**
　　そのころ僕は高校生でした。

4 **Avant, j'allais nager tous les jours.**
　　以前は、毎日泳ぎに行っていました。

grammaire et exercices

1 代名動詞の現在形　🎧 68

主語と同じ人や物を指す代名詞（se＝再帰代名詞）をともなう動詞を代名動詞といいます。代名動詞は2単語で構成されます。

se coucher（寝る）					
je	**me**	couche	nous	**nous**	couchons
tu	**te**	couches	vous	**vous**	couchez
il	**se**	couche	ils	**se**	couchent
elle	**se**	couche	elles	**se**	couchent

> me, te, se は母音字や無音の h の前では m', t', s' となる。

> 辞書を引くときは、se のない形で引き、se ～ となっている小見出しを見つける。

■ 語順

　否定形　　　je ne me couche pas
　倒置疑問形　te couches-tu

■ 代名動詞の考え方

　coucher（寝かせる）：Elle la couche.（Elle ≠ la）　彼女は彼女（例えば自分の娘）を寝かせる。
　se coucher（寝る）　：Elle **se** couche.（Elle ＝ se）　彼女は寝る（←自分を寝かせる）。

■ 代名動詞の用法

① 再帰的：主語自身を（に）〜する

se laver（身体を洗う）、se lever（起きる）、s'habiller（服を着る）など。

② 受動的：〜される（主語はおもに事物）

s'appeler*（〜という名前である）、se trouver（ある、いる）、se parler（話される）など。

③ 相互的：互いを（に）〜する

s'aimer（愛し合う）、se parler（話し合う）、se voir（互いに会う）など。

④ 本来の代名動詞：代名動詞でしか用いられない動詞や se の機能が明確でないもの。

s'envoler（飛び立つ）、se souvenir**（de）（〜を覚えている、思い出す）など。

*s'appeler →活用表⑦　　**se souvenir →活用表㊼

1 適切な再帰代名詞を入れ、文の意味を考えましょう。

1) Vous (　　　) lavez avant de sortir ?
2) Tu (　　　) appelles comment ?
3) Le français (　　　) parle aussi au Canada.
4) En automne, les hirondelles (　　　) envolent vers le sud.

2　半過去

🎧 69

共通の語尾変化であらわす過去形です。過去のある時点の継続状態や、進行中だった動作のほか、過去の習慣的行為もあらわします。

> 太字の活用語尾はすべての動詞に共通。

être の半過去形				avoir の半過去形			
j' ét**ais**		nous	ét**ions**	j'av**ais**		nous	av**ions**
tu	ét**ais**	vous	ét**iez**	tu	av**ais**	vous	av**iez**
il	ét**ait**	ils	ét**aient**	il	av**ait**	ils	av**aient**

■ 半過去形の語幹

現在形の nous の活用語尾から、-ons を省いた形。être のみ不規則。

	現在形	語幹	半過去形
parler	nous parlons	**parl-**	je parlais... vous parliez...
finir	nous finissons	**finiss-**	je finissais... vous finissiez...
prendre	nous prenons	**pren-**	je prenais... vous preniez...
faire	nous faisons	**fais-**	je faisais... vous faisiez...

■ 半過去と複合過去との比較

Je suis allé chez Louise mais elle n'était pas là.　僕はルイーズの家に行ったが、彼女はいなかった。
　aller 複合過去　　　　　　être 半過去
（現在から見た完了）　　　（行った時点の状態）

2 指定の動詞を半過去形に活用させて入れましょう。文の意味も考えましょう。

1) Il (　　　) encore jeune en ce temps-là. [être]
2) Qu'est-ce que tu (　　　) hier vers 21 heures ? [faire]
3) J' (　　　) cinq ans quand ce chanteur a fait ses débuts. [avoir]
4) Elle (　　　) une douche quand son portable a sonné. [prendre]

＊　＊　＊

〈助動詞の半過去形 + 過去分詞〉で作る**大過去**という時制もあります（→ p.63）。

3　不規則動詞 savoir, dire の現在形　🎧70

日常よく使われる動詞です。

savoir (知る)				dire (言う)			
je	sais	nous	savons	je	dis	nous	disons
tu	sais	vous	savez	tu	dis	vous	dites
il	sait	ils	savent	il	dit	ils	disent

（過去分詞 su）　　　　　　　　　　　（過去分詞 dit）

● どちらの動詞も後ろに接続詞の que (qu') を置いて従属節を導くことができます。

Je **sais** que c'est vrai.　私はそれが本当だと知っています。

Elle **dit** que c'est bizarre.　彼女はそれが変だといいます。

3 savoir または dire を活用させて入れましょう（現在形）。

1) Il me (　　) tous les jours : « Je t'aime ».　彼は私に毎日「愛してる」と言うの。
2) Où sont mes clés ? — Je ne (　　) pas.　私の鍵はどこ？ —知らないよ。
3) (　　)-vous qu'elle est très intelligente ?　彼女がとても頭がよいことを知っていますか？
4) Tu (　　) toujours des blagues !　君はいつもでたらめをいうね！

........................方位........................🎧71

北　le nord　　　南　le sud　　　東　l'est　　　西　l'ouest

LEÇON 10

version

Bonne soirée ! 🎧 72

Monsieur et madame Simon sont des touristes canadiens.

Ils viennent de visiter Notre-Dame.

Ils parlent de cette belle cathédrale.

Madame Simon dit : « Ces vitraux*, c'était vraiment beau et splendide ! »

Et monsieur Simon répond : « Oui. Et ces gargouilles** étaient très intéressantes aussi ! »

Ils rentrent à l'hôtel, ils se reposent un peu, puis ils s'habillent pour aller voir un opéra.

Bonne soirée !

* vitraux : vitrail の複数形
** gargouille : ガーゴイル（怪物をかたどった彫刻で、樋の役目を果たす）
- 活用している動詞：être, venir, parler, dire, répondre（活用表 ㊴）, rentrer, se reposer, s'habiller

➡ Révisions (p.70)

LEÇON 11 Bonne nuit ! おやすみなさい！

écoutez et répétez

1 **J'ai un chien qui s'appelle Mimi.** 🎧73
    私はミミという名前の犬を飼っています。

2 **Quel est le dessert que tu préfères ?**
    君が好きなはデザートはどれ？

3 **Fermez la porte, s'il vous plaît.**
    ドアを閉めてください。

4 **Mimi, viens ici !**
    ミミ、こっちへおいで！

grammaire et exercices

1 関係代名詞 qui, que 🎧74

関係代名詞は、ある文（＝主節）の中の名詞（＝先行詞）に、別の文（＝関係節）をつけて、ひとつの文にまとめるときに用いられます。主節と関係節をつなぐ役目と、先行詞を繰り返す代わりの代名詞の役目をあわせもちます。

■ **qui**

関係節中の動詞の主語として働きます。先行詞は人・ものを問いません。

J'ai un chien **qui** s'appelle Mimi.

　　J'ai un chien.（主節）　私は犬を飼っています。
　　　　　↳ ce chien s'appelle Mimi　（qui に続く関係節）　その犬はミミという名前です。
　　　　　　↕ qui

■ **que（qu'）**

関係節中の動詞の直接目的として働きます。先行詞は人・ものを問いません。

Quel est le dessert **que** tu préfères ?

　　Quel est le dessert ?（主節）　デザートはどれ？
　　　　　↳ tu préfères ce dessert　（que に続く関係節）　君はそのデザートが好きだ。
　　　　　　↕ que

- que のあとに複合過去形が用いられるとき、過去分詞は先行詞の性・数に一致します（→ p. 40）。
    Voici la jupe que j'ai achet**é**e hier.　これが昨日買ったスカートです。

＊　＊　＊

où, dont という関係代名詞もあります（→ p. 63）。

1 関係代名詞 qui または que (qu') を入れましょう。

1) Quels sont les pays (　　　) entourent la France ?　フランスを囲む国々は何ですか？
2) Voilà la nouvelle (　　　) j'ai apprise* tout à l'heure.　以上が私がさっき知ったニュースです。
3) L'ordinateur (　　　) il a acheté n'est pas neuf.　彼が買ったパソコンは新品ではありません。
4) La Seine est le fleuve (　　　) traverse Paris.　セーヌはパリを横切る河です。

* apprise : apprendre（活用表㊲）の過去分詞女性形

2 命令形　🎧 75

主語がなく、動詞だけが変化した形です。ひとつの動詞は3つの命令形を持ち、命令する相手によって使い分けます。基本的に現在形の活用から作られます。

> -er 型動詞と少数の不規則動詞では、現在形の語末から s を省く。

	fermer	finir	être	avoir
tu に対して	ferme	finis	sois	aie
nous に対して	fermons	finissons	soyons	ayons
vous に対して	fermez	finissez	soyez	ayez

> être と avoir の命令形は不規則。

■命令形の使い分け

tu に対して　　：親しい間柄のひとりに命令（～しなさい、～して）
nous に対して：命令というより、誘いやうながしのニュアンス（～しましょう）
vous に対して：丁寧に話す間柄のひとりや複数、親しい間柄の複数に命令（～してください、～しなさい）

■語順　🎧 75'

否定形：命令形の動詞を ne (n') ～ pas ではさみます。

　Ne **ferme** pas la porte !　ドアを閉めないで！

目的語の人称代名詞：-（トレ・デュニヨン）をつけて命令形の後ろにつけます。このとき、me は moi と形を変えます。

　Aidez-moi !　私を手伝ってください！

■代名動詞の命令形　🎧 75'

> te は toi に変わる。

se dépêcher（急ぐ）

Tu te dépêches.　　　→ **Dépêche-toi !**　急いで！
Nous nous dépêchons.　→ **Dépêchons-nous !**　急ぎましょう！
Vous vous dépêchez.　→ **Dépêchez-vous !**　急いでください！

2 日本語の口調を参考にして、指定の動詞を命令形にしましょう。

1) (   ) ce bel arc-en-ciel ! ［regarder］　あの美しい虹をごらんなさい！
2) (   ) de pleurer ! ［arrêter］　泣くのはやめろよ！
3) (   ) ensemble ! ［chanter］　いっしょに歌いましょう！
4) (   ) tout de suite ! ［partir］　すぐに出発してください！

3　不規則動詞 connaître, écrire, lire の現在形　🎧 76

それぞれ違う活用形を持つ動詞です。

（過去分詞 connu）　　（過去分詞 écrit）　　（過去分詞 lu）

3 connaître, écrire, lire のいずれかを活用させて入れましょう（現在形）。

1) Elle m'(   ) des e-mails en français.　彼女は私にフランス語でメールを書いてきます。
2) Qu'est-ce que tu (   ) ? — Un roman policier.　何を読んでるの？　—推理小説だよ。
3) (   )-vous monsieur Leblanc ? — Oui, je le (   ) très bien.
　　　　　　ルブランさんをご存じですか？—はい、とてもよく知っています。
4) Je (   ) un journal en ligne tous les matins.　私は毎朝オンライン新聞を読みます。

version

Bonne nuit ! 🎧 77

Quand vous ne pouvez pas dormir la nuit,

qu'est-ce que vous faites ?

Boire du chocolat chaud, lire un livre difficile ou

parler au téléphone avec un ami ou une amie ?

Compter les moutons, c'est une méthode que tout le monde connaît.

Si vous voulez, comptez les moutons en français !

Un mouton, deux moutons… cent moutons… mille moutons… dix mille moutons !

Bonne nuit !

● 活用している動詞：pouvoir, faire, être, connaître, vouloir, compter

LEÇON 12 Bonne année ! 新年おめでとう！

écoutez et répétez

1. **La tour Tokyo Skytree est plus haute que la tour Eiffel.** 🎧 78
   東京スカイツリーはエッフェル塔より高い。
2. **Le matin, on va plus vite en métro qu'en taxi.**
   朝はタクシーより地下鉄のほうが速いですよ。
3. **Si tu viens avec nous, je serai content.**
   君が僕たちと来てくれれば、うれしいな。
4. **La ville de Paris est divisée en deux par la Seine : la rive droite et la rive gauche.**
   パリの町はセーヌ川によって2つに分けられています。右岸と左岸です。

grammaire et exercices

1 形容詞と副詞の比較級・最上級 🎧 79

「より〜な」「より〜でない」などの比較の表現と、「もっとも〜だ」「もっとも〜でない」などの最上級の表現です。

■**比較級：**

(優等)	**plus**	
(同等)	**aussi**	形容詞／副詞（**que** + 比較の対象）
(劣等)	**moins**	

> 母音字や無音のhの前ではqu'となる。

Jacques est **plus** âgé que moi.　ジャックは僕より年上です。
Thomas est **aussi** âgé que moi.　トマは僕と同い年です。
Daniel est **moins** âgé que moi.　ダニエルは僕より年下です。

■**最上級：** 定冠詞 + **plus / moins** + 形容詞／副詞（**de** + 範囲）

> 定冠詞は形容詞の性・数に一致。

C'est **la plus** belle actrice du monde.　それは世界で一番美しい女優です。
Maman se lève **le plus** tôt de la famille.　ママは家族で一番早く起きます。

> 副詞の最上級では定冠詞は常にle。

■**優等比較級の例外**

形容詞 bon と副詞 bien の優等比較級は plus を用いず、単語そのものが変化します。優等最上級もそれに定冠詞をつけた形です。

bon(ne)(s)　＜　meilleur(e)(s)　＜　le meilleur / la meilleure / les meilleur(e)s
bien　　　　＜　mieux　　　　＜　le mieux

Vous avez une **meilleure** idée ?　もっとよいアイディアがありますか？
J'aime **mieux** les chiens que les chats.　私は猫より犬のほうが好きです。

1

日本語を参照して、必要な1語を入れましょう。

1) Ce vin est (　　　) cher que l'eau minérale.　このワインはミネラルウォーターより安い。
2) Ici, c'est le (　　　) beau paysage du monde.　ここは世界でもっとも美しい景色です。
3) Il parle français (　　　) qu'anglais.　彼は英語よりフランス語を上手に話します。
4) Regarde-le ! C'est le (　　　　) joueur de l'équipe.

　　　　　　　　　　　彼をごらん！チームでもっとも優れた*選手だよ。　*優れた→よい

2 単純未来

🎧 80

共通の語尾変化であらわす未来形です。未来の行為や状態をあらわすほか、軽い命令にも用いられます。

donner の単純未来形				être の単純未来形			
je	donne**rai**	nous	donne**rons**	je	se**rai**	nous	se**rons**
tu	donne**ras**	vous	donne**rez**	tu	se**ras**	vous	se**rez**
il	donne**ra**	ils	donne**ront**	il	se**ra**	ils	se**ront**

太字の活用語尾はすべての動詞に共通。

■単純未来形の語幹

-er 型規則動詞：不定詞語尾から r を除いた形。donner → **donne-**
-ir 型規則動詞：不定詞語尾から r を除いた形。finir　→ **fini-**
不規則動詞：不定詞語尾が -re で終わる動詞は、re を除いた形が原則だが、不定詞からは導けない不規
　　　　　　則なものが多い。

être	→ **se-**	avoir	→ **au-**	aller → **i-**	venir	→ **viend-**
prendre	→ **prend-**	faire	→ **fe-**	voir → **ver-**	vouloir	→ **voud-**
pouvoir	→ **pour-**	savoir	→ **sau-**	dire → **di-**	écrire	→ **écri-**
connaître	→ **connaît-**	など。				

● 多くの場合、主語が je, nous のときは意志、tu, vous のときは命令のニュアンスになります。

　Je vous **attendrai** dans le hall de l'hôtel.　ホテルのロビーでお待ちしています。

　Tu n'**oublieras** pas ton passeport.　パスポートを忘れないでね。

2

指定の動詞を単純未来形にして入れましょう。文の意味も考えましょう。

1) Mon fils (　　　) trois ans le mois prochain.　［avoir］
2) Il (　　　) sûrement beau demain.　［faire］
3) Je vous (　　　) un bon avocat.　［présenter］
4) Vous (　　　) tout droit jusqu'à la place de l'Étoile.　［aller］

*　*　*

〈助動詞の単純未来形＋過去分詞〉で作る**前未来**という時制もあります（→ p. 63）

3 受動態 81

「〜する」という能動態に対し、「〜される」という意味になる受け身の形です。

■ **受動態の形** : 助動詞 être ＋ 他動詞の過去分詞

- 過去分詞は主語の性・数に一致します。

  Le drapeau **est agité** par le vent.　旗は風に揺られている。

  Les feuilles **sont agité<u>es</u>** par le vent.　葉は風に揺られている。

- 「〜によって」は、一般に前置詞 par を用いますが、動詞によっては（感情をあらわす動詞など）de を用います。

  Cette jeune actrice est aimée de tout le monde.　この若手女優はみんなに愛されている。

■ **受動態の時制**

助動詞 être の時制が、文の時制を決定します。

　Les feuilles **sont** agitées par le vent.　（現在）

　Les arbres **ont été** brisés par le typhon.　（複合過去）　木々は台風によって折られた。

　Les feuilles **étaient** agitées par le vent.　（半過去）　葉は風に揺られていた。

　Ce livre **sera** bientôt publié.　（単純未来）　この本はまもなく刊行される。

 指定の動詞の過去分詞を適切な形にして入れ、受動態の文を完成させましょう。意味も考えましょう。

1) Ce maire est (　　　　　) de tous les villageois. ［ respecter ］
2) Mon rêve a été finalement (　　　　　) ! ［ réaliser ］
3) Un nouveau stade sera (　　　　　) dans cette ville. ［ construire 活用表⑪ ］
4) Soixante-dix pour cent de la terre est (　　　　　) d'eau*. ［ recouvrir 活用表㉙ ］

　　　　　　　　　　　　　　　　　　　　　　　　　　*過去分詞は terre に一致

--- 略語や記号の読み方 --- 81'

m	mètre	**km**	kilomètre	**cm**	centimètre
g	gramme	**kg**	kilogramme (kilo)		
%	pour cent	**N°**	numéro		

version

Bonne année ! 🎧 82

Noël est la plus belle période de l'année.

À partir de novembre, les vitrines des

magasins sont ornées d'illuminations.

Le 25 décembre, on se dit « Joyeux Noël ! »

Après Noël, ce sera bientôt le nouvel an.

À la veille du nouvel an, on entend les voix du compte à rebours* partout :

« 3 … 2 … 1 ! Bonne année ! »

* compte à rebours : カウントダウン
● 活用している動詞 : être, se dire, entendre

➡ Révisions (p.71)

LEÇON 13　Bonne continuation !
がんばって続けて！

écoutez et répétez

1　**Je voudrais 1 kilo de tomates, s'il vous plaît.**　🎧83
　　トマトを1キロ欲しいのですが。

2　**Où est mon agenda ? J'en ai besoin* tout de suite.**
　　私の手帳はどこだろう？　すぐに必要なのです。

3　**Voilà mon jardin. J'y cultive des légumes.**
　　これが私の庭です。そこで野菜を育てているのです。

4　**Elle prend une douche en chantant.**
　　彼女は歌いながらシャワーを浴びています。

＊avoir besoin de ... :〜が必要だ

grammaire et exercices

1　条件法現在（語気緩和の用法）　🎧84

「法」とは、文を話したり書いたりする人の心的状態を示す文法用語です。これまで学んださまざまな時制は、すべて「直説法」と呼ばれる、事実を前提とする法における時制でした。それに対して「条件法」は非現実の仮定を前提とする法です。ただし、ここでは日常よく用いられる語気緩和の用法だけを学びます（他の用法→ p. 64）。

aimer の条件法現在				être の条件法現在			
j'aime**rais**		nous aime**rions**		je	se**rais**	nous	se**rions**
tu aime**rais**		vous aime**riez**		tu	se**rais**	vous	se**riez**
il aime**rait**		ils aime**raient**		il	se**rait**	ils	se**raient**

太字の活用語尾はすべての動詞に共通。

- 条件法現在形の語幹：単純未来形の語幹と同じです。
- 語気緩和：願望や命令の口調を和らげます。また丁寧な依頼にも用いられます。
　J'**aimerais** voyager sur un paquebot de luxe.　豪華客船で旅行したいものです。
　Tu **devrais*** lui dire la vérité.　彼に本当のことをいえばいいのに。　　＊devrais → devoir（活用表⑯）

1　指定の動詞を条件法現在に活用させて入れましょう。

1) (　　　　　)-vous me passer M. Morin ? [pouvoir]　（電話）モランさんをお願いできますか？

2) Vous (　　　　) manger plus de légumes. [devoir]
　　　　　　　　　　　　　　　あなたはもっと野菜を食べるほうがよいのですが。

3) Je (　　　　) un café noir. [préférer]　私はブラックコーヒーのほうがよいのですが。

4) Qu'est-ce que tu (　　　　) faire dans l'avenir ? [aimer]　君は将来何をしたいの？

2　代名詞 en, y　🎧 85

en と y は性・数変化のないことから、**中性代名詞**とも呼ばれます。動詞の前（複合過去では助動詞の前）に置かれます。

■ en
①不定冠詞・部分冠詞がついた特定されていない名詞の代わりをします。

　　Tu as des chiens ? ― J'**en** avais avant.　犬を飼っているの？ ―前は飼っていたよ。
　　　　　　　　　　　↰ J'avais **des chiens** avant.

②前置詞 de のついた名詞・代名詞などの代わりをします。

　　Vous venez de Nice ? ― Oui, j'**en** viens.　ニースからいらしたのですか？ ―はい、そこから来ました。
　　　　　　　　　　　↰ Oui, je viens **de Nice**.

③数詞や数量表現をともなうときの名詞部分の代わりをします。

　　Combien de biscuits voudrais-tu ? ― J'**en** voudrais trois.　クッキーはいくつ欲しい？ ―3つ欲しいな。
　　　　　　　　　　　↰ Je voudrais trois **biscuits**.

■ y
①「そこへ（で）」をあらわします。

　　Vous connaissez bien Cannes ? ― Oui, j'**y** vais chaque été.
　　　　　　　　　　　↰ Oui, je vais **à Cannes** chaque été.
　　　　　　　　　　　カンヌをよくご存じなのですか？ ―はい、毎夏そこへ行っています。

②前置詞 à のついた名詞・代名詞などの代わりをします（〈à + 人〉以外）。

　　Jouez-vous souvent au tennis ? ― Oui, j'**y** joue tous les week-ends.
　　　　　　　　　　　↰ Oui, je joue **au tennis** tous les week-ends.
　　　　　　　　　　　テニスはよくするのですか？ ―はい、毎週末しています。

📝 **2**　代名詞 en または y を入れましょう。

1) Tu as des frères ? ― Oui, j' (　　　) ai un.　兄弟はいるの？ ―うん、ひとりいるよ。

2) Nice est une belle ville. J' (　　　) passe mes vacances tous les ans.
　　ニースは美しい町です。私は毎年そこでヴァカンスを過ごします。

3) Prends cette casserole. Et tu (　　　) mettras* de l'eau.
　　その鍋を取って。で、それに水を入れてね。

4) Vous avez vu le dernier film d'Ozon ? On (　　　) parle beaucoup.
　　オゾン（監督）の最新映画を見ましたか？ 話題になっていますよ。

*mettras → mettre（活用表㉖）

3 ジェロンディフ

ジェロンディフは〈**前置詞 en + 現在分詞**〉の形で作られ、主節に対して同時性・理由・原因・条件などをあらわします。

■ **現在分詞**

すべての動詞に共通の -ant という語尾を持ちます。語幹は直説法現在形の nous の活用から、語尾の -ons を省いた形です。

不定詞	現在形	現在分詞
écouter	nous **écout**ons	**écoutant**
finir	nous **finiss**ons	**finissant**
prendre	nous **pren**ons	**prenant**

（例外）être → **étant**, avoir → **ayant**, savoir → **sachant**

辞書の動詞活用表では、不定詞の下に現在分詞がある。

- ジェロンディフ自体は主語を持たず、主節の主語の行為を補足説明します。

    Il fait du jogging **en écoutant** de la musique.（同時性）

    　　彼は音楽を聴きながらジョギングをしています。

    En marchant trop vite, je suis tombé.（理由）

    　　歩くのを急ぎすぎて、僕は転んだ。

    En prenant le train de 10 heures, vous arriverez là-bas vers midi.（条件）

    　　10時の電車に乗れば、向こうにお昼頃に着きますよ。

3 文中の現在分詞の不定詞を書きましょう。文の意味も考えましょう。

1) Ne mange pas en regardant ton portable !（　　　　）
2) En lisant le journal, vous comprendrez mieux.（　　　　）
3) En me promenant sur la plage, j'ai trouvé de beaux coquillages.（　　　　）
4) Je suis tombée amoureuse en voyant ses yeux.（　　　　）

version

Bonne continuation ! 🎧 87

Nicole : Tu as toujours un appareil photo sur toi.

Tu prends des photos tous les jours ?

Claude 〔un collègue de Nicole〕 : Oui, j'en prends une centaine par jour.

Nicole : Une centaine ! En travaillant !

Claude : Oui. Je voudrais être photographe professionnel.

Si tu veux, visite mon blog photo. Voilà l'URL*.

〔Quelques jours plus tard**〕

Nicole : J'ai vu tes photos. Elles me plaisent vraiment beaucoup.

Claude : Oh ! Merci ! Je suis très content. Je vais bientôt aller dans les Alpes

et tu pourras voir de nouvelles photos.

Nicole : Oh ! Ça me plaira sûrement. Bonne continuation !

* l'URL：インターネットアドレス　　** plus tard：あとで
● 活用している動詞：avoir, prendre, travailler, vouloir, visiter, voir, plaire, être, aller, pouvoir

➡ **Révisions** (p.72)

Appendice 補遺

1 名詞・形容詞の複数形（原則以外） 🎧88

男性単数		男性複数
-s	=	不変
-x	=	不変
-eu	→	-eux
-eau	→	-eaux

名詞		
fils	=	fils
prix	=	prix
feu	→	feux
gâteau	→	gâteaux

形容詞		
français	=	français
heureux	=	heureux
（ただし bleu	→	bleus）
beau	→	beaux

- その他：travail → travaux, œil → yeux など。
- 女性複数形は必ず〈女性単数形＋ s〉。

2 形容詞の女性形（原則以外） 🎧88'

男性単数		女性単数
-e	=	不変
-er	→	-ère
-eux	→	-euse
-f	→	-ve

rouge	=	rouge
premier	→	première
heureux	→	heureuse
neuf	→	neuve

- その他：blanc → blanche, bon → bonne, doux → douce, gentil → gentille など。

3 男性第2形のある形容詞 🎧88'

男性第2形は母音字または無音のh で始まる語の前で使います。

男性第1形	男性第2形	女性
beau	**bel**	belle
nouveau	**nouvel**	nouvelle
vieux	**vieil**	vieille

un beau garçon　　un **bel** homme　　une belle femme

4 代名動詞の複合過去（直説法） 🎧88'

se coucher の複合過去形					
je	me suis couché(e)		nous	nous sommes couché(e)s	
tu	t'es couché(e)		vous	vous êtes couché(e)(s)	
il	s'est couché		ils	se sont couchés	
elle	s'est couchée		elles	se sont couchées	

- 助動詞は必ず être を用います。
- 再帰代名詞（se）が直接目的とみなされるとき、過去分詞はその性・数に一致します。

Elle **s'est dépêchée** pour prendre le train de 7 heures.（一致あり）

 彼女は7時の電車に乗るために急いだ。

 se dépêcher は「急ぐ（←自分を急がせる）」の意味なので se は直接目的です。

Elle **s'est lavé** les mains.（一致なし）

 彼女は手を洗った。

 se laver はこの場合「（自分の）手を洗う」の意味なので、les mains が直接目的、従って se は間接目的とみなします。

5 関係代名詞 où, dont　　🎧89

où：場所または時をあらわす語を先行詞として、関係節中で、そこで（その時）の行為や出来事を説明します。

 La Bourgogne est une région **où** on produit du vin.

  ブルゴーニュはワインを生産している地方です。

 C'était un matin **où** il neigeait.

  それは雪の降るある朝のことでした。

dont：前置詞 de を含む関係代名詞で、関係節と先行詞が de で結びつくときに用います。

 C'est un film **dont** l'héroïne est détective.

  それはヒロインが探偵の映画です。　　dont =(l'héroïne) de ce film

 Voilà le CD **dont** je t'ai parlé hier.

  これが君に昨日話したCDだよ。　　dont =(je t'ai parlé) de ce CD

6 大過去（直説法）　　🎧89'

過去のある時点から見た完了をあらわす時制です。助動詞の使い分けや過去分詞の一致などの規則はすべて複合過去に準じます。

■**大過去の形**：　助動詞（avoir / être）の半過去形　+　過去分詞

 Je suis arrivé en retard et la conférence **avait** déjà **commencé**.［commencer］

  僕は遅刻したので会議はもう始まっていた。

 Quand je suis rentré chez moi, les chiots **étaient nés**.［naître］

  家に帰ると、子犬が産まれていた。

7 前未来（直説法）　　🎧89'

未来のある時点から見た完了をあらわす時制です。助動詞の使い分けや過去分詞の一致などの規則はすべて複合過去に準じます。

■**前未来の形**：　助動詞（avoir / être）の単純未来形　+　過去分詞

 Quand j'**aurai fini** mes études, je travaillerai dans une maison de commerce.［finir］

  学業を終えたら、私は商社で働くつもりです。

 Demain, je **serai arrivé** avant toi.［arriver］

  明日僕は君より先に着いているつもりだよ。

8 指示代名詞

	単数	複数
男性	celui	ceux
女性	celle	celles

① すでに出て来た名詞を繰り返す代わりに用います。補足語をともないます。

La tenue de Nina est bien belle mais **celle** de Lisa est beaucoup plus chic.

ニナの装いは確かに美しいが、リザの装いはもっとずっと洒落ている。　celle = la tenue

② 関係代名詞の先行詞として「〜な人（たち）」をあらわします。

J'envie **ceux** qui habitent près de la mer.

私は海のそばに住んでいる人がうらやましい。

9 疑問代名詞（性・数変化のあるもの）

複数の選択肢から「どれ」や「誰」をたずねる場合に用います。

	単数	複数
男性	lequel	lesquels
女性	laquelle	lesquelles

Lequel des films de Hayao Miyazaki préférez-vous ?

宮崎駿の映画のうちどれが好きですか？　lequel = quel film

- この疑問代名詞は前置詞 à および de と、縮約形を作ります。(*cf.* p. 26)

De ces animaux, **auquel** t'intéresses-tu le plus ?

その動物たちのうち、どれに一番興味がある？　à + lequel → auquel = à quel animal

10 条件法（語気緩和以外）

条件法現在の活用と、語気緩和の用法についてはすでに学びました（→ p. 58）。ここでは、他の用法を解説します。

① 法としての条件法：非現実の仮定にもとづき、その結果を推測する場合に用います。

Si j'habitais près de la mer, j'**irais** nager tous les jours.［aller］

もし海のそばに住んでいれば、毎日泳ぎに行くのに。

- 〈si + 直説法半過去〉で、現在の事実に反する仮定をあらわします。

② 時制としての条件法：過去のある時点からみた未来をあらわします。

Il a dit qu'il **arriverait** avant midi.［arriver］

彼は昼までには着くと言いました。

■条件法過去：助動詞（avoir / être）の条件法現在形 ＋ 過去分詞

① 過去の事実に反する仮定にもとづき、その結果を推測する場合に用います。

Si tu avais été avec nous, tu **aurais pu** voir des stars．［ pouvoir ］

もし僕たちと一緒だったら、君はスターたちに会えたのに。

● 〈si ＋ 直説法大過去〉で、過去の事実に反する仮定をあらわします。

② 完了形の語気緩和に用います。

J'**aurais voulu** être peintre．［ vouloir ］

私は画家になりたかったのだが。

③ 過去における前未来をあらわします。

Il a dit qu'il **serait arrivé** avant moi．［ arriver ］

彼は私より先に着いているだろうと言った。

11 接続法 🎧91

願望・疑い・必要性・強い感情などの内容を、接続詞 que（qu'）に続く従属節で述べる場合に用いられる法です。que 以下で接続法が必要になる主節の動詞や表現はほぼ決まっています。また、接続詞句でも接続法が必要になるものがあります（不規則動詞の活用は巻末の動詞活用表を参照）。

■接続法現在

que (qu')		danser		être		avoir
	je	dans**e**	je	**sois**	j'	**aie**
	tu	dans**es**	tu	**sois**	tu	**aies**
	il	dans**e**	il	**soit**	il	**ait**
	nous	dans**ions**	nous	**soyons**	nous	**ayons**
	vous	dans**iez**	vous	**soyez**	vous	**ayez**
	ils	dans**ent**	ils	**soient**	ils	**aient**

être と avoir 以外は共通の語尾変化。

Il veut que tu **viennes**．［ venir ］　← vouloir que（願望）

彼は君に来てもらいたがっているよ。

Il faut qu'on **parte** maintenant！［ partir ］　← il faut que（必要性）

さあもう行かなくては！

■接続法過去：助動詞（avoir / être）の接続法現在形 ＋ 過去分詞

主節から見て完了をあらわします。

Je doute qu'il **ait fait** cela tout seul．［ faire ］　← douter que（疑い）

彼がひとりでそれをやったとは思えない。

Je suis content que vous **soyez venus**．［ venir ］　← être content que（強い感情）

あなた方が来てくださって嬉しく思います。

Révisions 復習問題

Leçon 1-2

1 空欄を補いましょう。
　1）フランス語の名詞は .... 名詞と .... 名詞にわかれています。
　2）冠詞は3種類あり、............ 冠詞と .... 冠詞と .... 冠詞です。
　3）動詞は主語によって .... します。
　4）動詞の元の形を .... と呼びます。
　5）英語の you にあたる主語は .... 種類あります。
　6）形容詞は関係する名詞の .... と .... に応じて変化します。
　7）形容詞は一般に名詞の .... に置かれます。

2 être を活用させて入れましょう。
　1）Paul (　　　) intelligent.　　　2）Nous (　　　) japonais.
　3）Tu (　　　) gentil !　　　　　　4）Vous (　　　) française ?

3 色の形容詞を変化させましょう（p. 62 も参照のこと）。
　1）un pantalon (　　　) [noir]　　　2）une robe (　　　) [bleu]
　3）des chaussures (　　　) [rouge]　4）des feuilles (　　　) [vert]
　5）une chemise (　　　) [gris]　　　6）des roses (　　　) [jaune]

4 フランス語を聞いて答えましょう。　🎧92
　1）テーブルはいくつありますか？
　..
　2）何人の学生がいますか？
　..
　3）何曜日に用事があると言っていますか？
　..

Leçon 3-4

1 空欄を補いましょう。

　1) 所有形容詞は名詞の ………… と ………… に応じた形を用います。

　2) 否定形は活用している動詞を ………… と …………… で挟みます。

　3) 第1群規則動詞の不定詞語尾は ………… です。

　4) 指示形容詞の cet は …………… または …………………… で始まる男性名詞の前で使います。

2 avoir を活用させて入れましょう。

　1) Il (　　　) soif.　　　　2) J' (　　　) très chaud.

　3) Vous (　　　) du talent !　　4) Ils (　　　) un petit chien.

3 主語を変えて動詞を活用させましょう。

　1) je travaille → vous (　　　　)　2) ils parlent → tu (　　　　)

　3) elles ont → il (　　　　)　　　4) nous habitons → j' (　　　　)

4 正しい語順に並べかえましょう。文頭は大文字で始め、句読点もつけます。

　1) de / pas / mon / n' / portable / père / a　父は携帯電話を持っていません。

　……………………………………………………………………………………………

　2) le / aime / je / n' / céleri / pas　私はセロリが好きではありません。

　……………………………………………………………………………………………

　3) dans / je / travaille / ce / restaurant / avec / lui　私は彼といっしょにそのレストランで働いています。

　……………………………………………………………………………………………

5 フランス語を聞いて答えましょう。　🎧93

　1) 何歳だと言っていますか？

　……………………………………………………………………………………………

　2) 何語を話すと言っていますか？

　……………………………………………………………………………………………

　3) 車を持っていると言っていますか、持っていないと言っていますか？

　……………………………………………………………………………………………

Leçon 5-6

1 空欄を補いましょう。

   1）au は .... と .... の縮約形です。

   2）du は .... と .... の縮約形です。

   3）文の頭に .... をつけると疑問文になります。

   4）近い未来の表現は〈........................ +不定詞〉であらわします。

   5）近い過去の表現は〈venir .... +不定詞〉であらわします。

   6）第2群規則動詞の不定詞語尾は .... です。

2 au, à la, aux, à l' のうち適切なものを入れましょう。

   1）Je vais (   ) Japon.　　2）Il va (   ) école.

   3）Nous allons (   ) piscine.　　4）Elle va (   ) États-Unis.

3 du, de la, des, de l' のうち適切なものを入れましょう。

   1）Washington est la capitale (   ) États-Unis.

   2）Paris est la capitale (   ) France.

   3）Londres est la capitale (   ) Angleterre.

   4）Ottawa est la capitale (   ) Canada.

4 主語を変えて動詞を活用させましょう。

   1）je finis → vous (   )　　2）ils choisissent → tu (   )

   3）elles vont → il (   )　　4）nous venons → je (   )

5 フランス語を聞いて答えましょう。　　🎧 94

   1）何月にフランスに行くと言っていますか？

   ....

   2）場所・時・理由のうち、どれを尋ねていますか？

   ....

   3）今は何月だと言っていますか？

   ....

Leçon 7-8

1　空欄を補いましょう。

　1）直接目的や間接目的の代名詞は動詞の .... に置きます。

　2）複合過去は .... ＋ .... で作られます。

　3）複合過去に用いられる助動詞は、.................. または .... です。

　4）疑問代名詞の基本は「誰」が .... 、「何」が .... です。

　5）être を助動詞として作る複合過去では、過去分詞に .... が必要です。

2　主語を変えて動詞を活用させましょう（現在形）。

　1）je prends → vous（　　　　）　　2）ils font → tu（　　　　）

　3）elles prennent → il（　　　　）　　4）nous faisons → je（　　　　）

3　現在形を複合過去形に変えましょう。

　1）il parle → il（　　）（　　　　）　　2）elles chantent → elles（　　）（　　　　）

　3）tu vas → tu（　　）（　　　　）　　4）je prends → j'（　　）（　　　　）

　5）vous faites → vous（　　）（　　　　）　　6）ils achètent → ils（　　）（　　　　）

　7）nous partons → nous（　　）（　　　　）　8）elle voit → elle（　　）（　　　　）

4　正しい語順に並べかえましょう。文頭は大文字で始め、句読点もつけます。

　1）aime / je / l'　　僕は彼女を愛しています。

　　..

　2）cadeau / il / un / me / donne　　彼は私にプレゼントをくれます。

　　..

　3）qui / qui / cherche / est-ce / te　　誰が君を探しているんだい？

5　フランス語を聞いて答えましょう。　　🎧 95

　1）空港＊へ行くのに何に乗ると言っていますか？　　＊aéroport

　　..

　2）「今日サッカーをする」「今日サッカーをした」のどちらが聞こえましたか？

　　..

　3）明日は何月何日だと言っていますか？

　　..

Leçon 9-10

1 空欄を補いましょう。

1) 非人称表現では常に .... が主語です。

2) 時刻をあらわすには動詞 .... が用いられます。

3) 人々を指したり、nous の代わりに使ったりする主語代名詞は .... です。

4) 代名動詞とは .... と同じ人や物を指す代名詞をともなう動詞です。

5) 半過去は共通の .... であらわす過去形です。

2 主語を変えて動詞を活用させましょう（現在形）。

1) je veux → vous (　　　)　　2) ils peuvent → tu (　　　)

3) elles veulent → il (　　　)　　4) nous pouvons → je (　　　)

5) tu sais → vous (　　　)　　6) vous dites → je (　　　)

3 代名動詞を活用させましょう（現在形）。

1) je (　　　) [se laver]　　2) il (　　　) [s'appeler]

3) tu (　　　) [se coucher]　　4) vous (　　　) [s'habiller]

4 現在形を半過去形に変えましょう。

1) je suis → j' (　　　)　　2) vous avez → vous (　　　)

3) il prend → il (　　　)　　4) tu finis → tu (　　　)

5 フランス語を聞いて答えましょう。　　🎧96

1) 何時だと言っていますか？

....

2) 何時だと言っていますか？

....

3) 今日の天気はどうだと言っていますか？

....

Leçon 11-12

1 空欄を補いましょう。

1) 関係代名詞 .... は、関係節中の動詞の主語として働きます。

2) 関係代名詞 .... は、関係節中の動詞の直接目的語として働きます。

3) 命令形は、............ に対する形、............ に対する形、............ に対する形の3種類があります。

4) 「より〜な」という比較級は、形容詞・副詞の前に .... をつけます。

5) 最上級は比較級の前に .... をつけます。

6) 単純未来は、............ であらわす未来形です。

7) 受動態は〈............ + ...〉で作られます。

2 現在形を命令形に変えましょう。

1) Vous fermez la fenêtre. →

2) Nous partons tout de suite. →

3) Tu ne dis pas de bêtises. →

4) Vous me passez du sucre. →

3 現在形を単純未来形に変えましょう。

1) je suis → je (   )   2) vous allez → vous (   )

3) il donne → il (   )   4) tu finis → tu (   )

4 正しい語順に並べかえましょう。文頭は大文字で始め、句読点もつけます。

1) que / quelle / la / vous / est / saison / préférez   あなたが好きな季節はどれですか？

....

2) haute / du / est / la / c' / montagne / Japon / plus   それは日本でもっとも高い山です。

....

3) été / ce / siècle / château / seizième / construit / a / au   その城は16世紀に建てられた。

....

5 フランス語を聞いて答えましょう。　🎧 97

1) tu, nous, vous のうち、どの相手に対する命令文ですか？

....

2) ポールとジャンではどちらのほうが背が高いですか？

....

3) マリーとジャンヌではどちらのほうが年上ですか？

....

Leçon 13 & 総合聞き取り

1 空欄を補いましょう。

　1）代名詞 en と y は動詞の .... に置かれます。

　2）ジェロンディフは〈前置詞 .... + ... 〉で作ります。

　3）現在分詞の語尾はすべての動詞に共通で、............... というつづりです。

2 単純未来形を条件法現在形に変えましょう。

　1）je serai → je (　　　　)　　2）vous aurez → vous (　　　　)

　3）il aimera → il (　　　　)　　4）tu prendras → tu (　　　　)

3 各動詞の現在分詞を書きましょう。

　1）travailler →　　　　　　　2）partir →

　3）choisir →　　　　　　　　4）faire →

　5）être →　　　　　　　　　　6）manger* →

*活用表㉕

4 正しい語順に並べかえましょう。文頭は大文字で始め、句読点もつけます。

　1）monsieur / je / à / parler / Robert / voudrais　　ロベールさんとお話ししたいのですが。

　　..

　2）ton / c' / restaurant / est / préféré　　それは君のお気に入りのレストランかい？

　　..

　　― j' / oui / souvent / mange / y　　― そう、しょっちゅうそこで食事をしているよ。

　　..

　3）jazz / du / vous / je / écris / en / écoutant　　ジャズを聞きながらあなたに（手紙を）書いています。

　　..

5 総合聞き取り　　🎧98

ある人が自己紹介をしています。どんな人なのかポイントを聞き取りましょう。

Les nombres de 20 à 100 000

数詞 20 ～ 100 000

🎧 99

20 vingt	vingt et un(e) vingt-quatre vingt-sept	vingt-deux vingt-cinq vingt-huit	vingt-trois vingt-six vingt-neuf
30 trente	trente et un(e) trente-quatre trente-sept	trente-deux trente-cinq trente-huit	trente-trois trente-six trente-neuf
40 quarante	quarante et un(e) quarante-quatre quarante-sept	quarante-deux quarante-cinq quarante-huit	quarante-trois quarante-six quarante-neuf
50 cinquante	cinquante et un(e) cinquante-quatre cinquante-sept	cinquante-deux cinquante-cinq cinquante-huit	cinquante-trois cinquante-six cinquante-neuf
60 soixante	soixante et un(e) soixante-quatre soixante-sept	soixante-deux soixante-cinq soixante-huit	soixante-trois soixante-six soixante-neuf
70 soixante-dix	soixante et onze soixante-quatorze soixante-dix-sept	soixante-douze soixante-quinze soixante-dix-huit	soixante-treize soixante-seize soixante-dix-neuf
80 quatre-vingts	quatre-vingt-un(e) quatre-vingt-quatre quatre-vingt-sept	quatre-vingt-deux quatre-vingt-cinq quatre-vingt-huit	quatre-vingt-trois quatre-vingt-six quatre-vingt-neuf
90 quatre-vingt-dix	quatre-vingt-onze quatre-vingt-quatorze quatre-vingt-dix-sept	quatre-vingt-douze quatre-vingt-quinze quatre-vingt-dix-huit	quatre-vingt-treize quatre-vingt-seize quatre-vingt-dix-neuf
100 cent	**101** cent un(e)	**200** deux cents	**202** deux cent deux
1 000 mille	**2 000** deux mille	**10 000** dix mille	**100 000** cent mille

70 = 60 + 10   **80** = 4 × 20   **90** = 4 × 20 + 10

Écrire en français sur l'ordinateur
フランス語をパソコンで

パソコンでフランス語を打てるようになると、スペルを覚えるのにも役立ちます。ぜひトライしてみてください。Windowsでは最初に入力言語を追加する設定が必要です。

■Windows 8 での設定

1) Windows キー ⊞ を押しながら X を押し、[コントロールパネル] を選びます。
2) [時計、言語、および地域] の下の [言語の追加] をクリックします。
3) [日本語] と表示されている上の [言語の追加] をクリックします。
4) 言語一覧の [フランス語] をダブルクリックし、候補の中の [フランス語（カナダ）] を選択し、下部の [追加] ボタンをクリックします。「フランス語（カナダ）」が追加されていることを確認します。これで設定は完了です。

■Windows 7 での設定

1) [スタート] から [コントロールパネル] を選びます。
2) [コントロールパネル] から [時計、言語、および地域] の下の、[キーボードまたは入力方法の変更] をクリックします。
3) [地域と言語] ウィンドウの [キーボードと言語] タブのところで [キーボードの変更] ボタンをクリックします。
4) [テキスト サービスと入力言語] ウィンドウの [全般] タブのところで [追加] ボタンをクリックします。
5) [入力言語の追加] ウィンドウで、下へスクロールして [フランス語（カナダ）] を探し、頭の + をクリックします。現われた [キーボード] の頭の + をクリックし、「カナダ マルチリンガル標準」のチェックボックスにチェックを入れ、OK をクリックします。
6) [テキスト サービスと入力言語] のウィンドウに戻るので、[フランス語（カナダ）] が追加されていることを確認し、OK をクリックします。これで設定は完了です。

- [フランス語（カナダ）] を選ぶのは、[フランス語（フランス）] より通常のキーボードと配列が似通っているためです。
- 学校など共有のパソコンでは、ログアウトすると設定が解除されてしまうことが多いので、その場合にはログインのたびに設定する必要があります。

■Windows での入力方法

パソコン画面の右下に「A」「あ」などと表示されている「言語バー」があります。言語バーの左端が「JP」となっていれば、日本語や英語が入力できる状態で、これをクリックして「FR フランス語（カナダ）」に切りかえると、フランス語が入力できる状態になります。

入力文字別一覧（主要な文字・記号で、通常のキートップの表記と異なるもの）

é	/	ç	[
è	:	œ	右 Ctrl + e
ê	@ のあとに e	?	Shift + 6
ë	Shift + @ のあとに e	'	Shift + ,
à	]	:	Shift + ;
î	@ のあとに i	(	Shift + 9
ï	Shift + @ のあとに i	)	Shift + 0
ô	@ のあとに o	«	右 Alt + z または Shift + . *
ù	右 Alt + @ のあとに u *	»	右 Alt + x または Shift + .
û	@ のあとに u	/	半角/全角切りかえキー

*右 Alt キーのないキーボードでは、Microsoft Word などで「記号と特殊文字の挿入」を使う必要がある。

■**Mac OS X での入力方法**

特別な設定は不要です。

入力文字別一覧（主要な文字・記号で、通常のキートップの表記と異なるもの）

é	option + e のあとに e	ô	option + i のあとに o
è	option + 「ろ」のあとに e	ù	option + 「ろ」のあとに u
ê	option + i のあとに e	û	option + i のあとに u
ë	option + u のあとに e	ç	option + c
à	option + 「ろ」のあとに a	œ	option + q
î	option + i のあとに i	«	option +]
ï	option + u のあとに i	»	shift + option + [

著者紹介

佐藤 久美子（さとう くみこ）
　学習院大学、駒澤大学他講師
佐藤 領時（さとう りょうじ）
　学習院大学、武蔵野音楽大学他講師

ボン・デパール！（CD 付）

2015 年 3 月 1 日　印刷
2015 年 3 月 10 日　発行

著　者 ©　佐　藤　久　美　子
　　　　　佐　藤　領　　　時
発行者　　及　川　直　志
印刷所　　研究社印刷株式会社

〒101-0052 東京都千代田区神田小川町 3 の 24
発行所　　電話 03-3291-7811（営業部），7821（編集部）　　株式会社白水社
　　　　　http://www.hakusuisha.co.jp
　　　　　乱丁・落丁本は送料小社負担にてお取り替えいたします。

振替　00190-5-33228　　　　Printed in Japan　　　　誠製本株式会社
ISBN978-4-560-06116-9

▷本書のスキャン、デジタル化等の無断複製は著作権法上での例外を除き禁じられています。本書を代行業者等の第三者に依頼してスキャンやデジタル化することはたとえ個人や家庭内での利用であっても著作権法上認められていません。

よくわかる学習辞典のナンバーワン！

ディコ仏和辞典

中條屋 進／丸山義博／
G.メランベルジェ／吉川一義［編］

定評ある，オールラウンドな学習辞典．インターネットや遺伝子技術の用語など今日のフランス語に対応．和仏索引には「パソコン」「環境」他の囲みと，世界の国名・首都一覧を付し，この一冊で和仏もOKのイチオシ辞典．発音と綴り字，会話表現を付録CDに録音．
【語数】35000　【発音表記】発音記号＋カタカナ
（2色刷）Ｂ６変型　1817頁　定価（本体3800円＋税）【シングルＣＤ付】

パスポート初級仏和辞典（第3版）

内藤陽哉／玉田健二／C.レヴィアルヴァレス［編］

超ビギナー向け入門辞典の第3版．カナ発音など親切設計に加え，活用形見出しの強化／《仏検》5級必須語明示／会話表現欄新設など使い勝手激ます．収録5000語．（2色刷）Ｂ６判　364頁　定価（本体2600円＋税）【シングルＣＤ付】

パスポート仏和・和仏小辞典　第2版

内藤陽哉／玉田健二／C.レヴィアルヴァレス［編］

カナ発音の「仏和（20000語）」＋用例入り本格「和仏（8000語）」＋ジャンル別和仏語彙集．用例をふんだんに盛り込んだ使いやすさ抜群の辞典．多彩な情報をスリムなボディに凝縮．（2色刷）Ｂ小型　701頁　定価（本体2500円＋税）

はじめての入門書◆決定版！

ニューエクスプレス　フランス語

東郷雄二［著］

見やすい・わかりやすい・使いやすい！　会話から文法へ――はじめての入門書◆決定版．イキイキ会話としっかり文法，そして身につく表現力．今日からあなたもボンジュール！
（2色刷）Ａ５判　147頁　定価（本体1900円＋税）【ＣＤ付】

重版にあたり，価格が変更になることがありますので，ご了承ください．

入門書

わたしのフランス語
32のフレーズでこんなに伝わる
佐藤 康 [著]
はじめてなのにこんなに伝わる！
(2色刷) A5判 159頁 定価 (本体1700円+税)【CD付】

フラ語入門、わかりやすいにもホドがある！ (改訂版)
清岡智比古 [著]
楽しく学べる，大好評の入門書．
(2色刷) A5判 197頁 定価 (本体1600円+税)【CD付】

フランス語のＡＢＣ (新装版)
数江譲治 [著]
文法主体，入門書のロングセラー．
(2色刷) 四六判 274頁 定価 (本体2000円+税)【CD付】

動詞活用

フラ語動詞、こんなにわかっていいかしら？
清岡智比古 [著]
(2色刷) A5判 142頁 定価 (本体1500円+税)

発音・会話・留学

フランス語 発音トレーニング
菊地歌子／山根祐佳 [著]
A5判 142頁 定価 (本体2200円+税)【CD付】

フラ語デート会話、恋ってどんなものかしら？
清岡智比古 [著]
(2色刷) A5判 140頁 定価 (本体1600円+税)【CD付】

留学とホームステイのフランス語
阿南婦美代 [著]
フランス語留学の心強い味方！
四六判 174頁 定価 (本体2000円+税)

単語集

《仏検》3・4級必須単語集 (新装版)
久松健一 [著]
1400余の必須語彙を201の短文から習得．
四六判 234頁 定価 (本体1600円+税)【CD付】

フラ語ボキャブラ、単語王とはおこがましい！ (改訂版)
清岡智比古 [著]
ラクチン主義で語数を増やそう！
(2色刷) A5判 256頁 定価 (本体1900円+税)【CD2枚付】

問題集

フラ語練習、楽しいだけじゃだめかしら？
清岡智比古 [著]
とにかく楽しいの！ ザセツ知らずの問題集．
(2色刷) A5判 217頁 定価 (本体1600円+税)

15日間 フランス文法おさらい帳
中村敦子 [著]
ドリル式で苦手項目を完全克服！
A5判 155頁 定価 (本体1700円+税)

フランス語表現とことんトレーニング
中野 茂 [著]
練習問題をとことん解いて基礎力養成！
A5判 176頁 定価 (本体1700円+税)

解説がくわしいフランス文法問題集
西村牧夫 [著]
初級を終え，次の段階へ進む方のために．
A5判 229頁 定価 (本体2200円+税)

仏検対策5級問題集 改訂版
小倉博史／モーリス・ジャケ／舟杉真一 [編著]
過去問を分析，「練習」で実力養成，模擬試験で仕上げは万全．巻末に5級対策単語付．
A5判 137頁 定価 (本体1800円+税)【CD付】

仏検対策4級問題集
小倉博史／モーリス・ジャケ／舟杉真一 [編著]
A5判 142頁 定価 (本体1800円+税)【CD付】

仏検対策3級問題集
小倉博史／モーリス・ジャケ／舟杉真一 [編著]
A5判 169頁 定価 (本体1800円+税)【CD付】

日記

フランス語で日記をつけよう
長野 督 [著]
毎日「ちょこっと」で実力アップ！
A5判 184頁 定価 (本体1700円+税)

対訳

対訳 フランス語で読む「赤と黒」
小野 潮 [編著]
名作を目と耳で味わいましょう．
四六判 143頁 定価 (本体2200円+税)【CD付】

重版にあたり，価格が変更になることがありますので，ご了承ください．

動詞活用表

1	avoir	18	écrire	35	pouvoir
2	être	19	employer	36	préférer
3	aimer	20	envoyer	37	prendre
4	finir	21	faire	38	recevoir
5	acheter	22	falloir	39	rendre
6	aller	23	fuir	40	résoudre
7	appeler	24	lire	41	rire
8	asseoir	25	manger	42	savoir
9	battre	26	mettre	43	suffire
10	boire	27	mourir	44	suivre
11	conduire	28	naître	45	vaincre
12	connaître	29	ouvrir	46	valoir
13	courir	30	partir	47	venir
14	craindre	31	payer	48	vivre
15	croire	32	placer	49	voir
16	devoir	33	plaire	50	vouloir
17	dire	34	pleuvoir		

不定法	直 説 法			
① **avoir** 現在分詞 ayant 過去分詞 eu [y]	現在 j' **ai** [e] tu **as** il **a** nous **avons** vous **avez** ils **ont**	半過去 j' **avais** tu **avais** il **avait** nous **avions** vous **aviez** ils **avaient**	単純過去 j' **eus** [y] tu **eus** il **eut** nous **eûmes** vous **eûtes** ils **eurent**	単純未来 j' **aurai** tu **auras** il **aura** nous **aurons** vous **aurez** ils **auront**
	複合過去 j' ai eu tu as eu il a eu nous avons eu vous avez eu ils ont eu	大過去 j' avais eu tu avais eu il avait eu nous avions eu vous aviez eu ils avaient eu	前過去 j' eus eu tu eus eu il eut eu nous eûmes eu vous eûtes eu ils eurent eu	前未来 j' aurai eu tu auras eu il aura eu nous aurons eu vous aurez eu ils auront eu
② **être** 現在分詞 étant 過去分詞 été	現在 je **suis** tu **es** il **est** nous **sommes** vous **êtes** ils **sont**	半過去 j' **étais** tu **étais** il **était** nous **étions** vous **étiez** ils **étaient**	単純過去 je **fus** tu **fus** il **fut** nous **fûmes** vous **fûtes** ils **furent**	単純未来 je **serai** tu **seras** il **sera** nous **serons** vous **serez** ils **seront**
	複合過去 j' ai été tu as été il a été nous avons été vous avez été ils ont été	大過去 j' avais été tu avais été il avait été nous avions été vous aviez été ils avaient été	前過去 j' eus été tu eus été il eut été nous eûmes été vous eûtes été ils eurent été	前未来 j' aurai été tu auras été il aura été nous aurons été vous aurez été ils auront été
③ **aimer** 現在分詞 aimant 過去分詞 aimé 第1群 規則動詞	現在 j' **aime** tu **aimes** il **aime** nous **aimons** vous **aimez** ils **aiment**	半過去 j' **aimais** tu **aimais** il **aimait** nous **aimions** vous **aimiez** ils **aimaient**	単純過去 j' **aimai** tu **aimas** il **aima** nous **aimâmes** vous **aimâtes** ils **aimèrent**	単純未来 j' **aimerai** tu **aimeras** il **aimera** nous **aimerons** vous **aimerez** ils **aimeront**
	複合過去 j' ai aimé tu as aimé il a aimé nous avons aimé vous avez aimé ils ont aimé	大過去 j' avais aimé tu avais aimé il avait aimé nous avions aimé vous aviez aimé ils avaient aimé	前過去 j' eus aimé tu eus aimé il eut aimé nous eûmes aimé vous eûtes aimé ils eurent aimé	前未来 j' aurai aimé tu auras aimé il aura aimé nous aurons aimé vous aurez aimé ils auront aimé
④ **finir** 現在分詞 finissant 過去分詞 fini 第2群 規則動詞	現在 je **finis** tu **finis** il **finit** nous **finissons** vous **finissez** ils **finissent**	半過去 je **finissais** tu **finissais** il **finissait** nous **finissions** vous **finissiez** ils **finissaient**	単純過去 je **finis** tu **finis** il **finit** nous **finîmes** vous **finîtes** ils **finirent**	単純未来 je **finirai** tu **finiras** il **finira** nous **finirons** vous **finirez** ils **finiront**
	複合過去 j' ai fini tu as fini il a fini nous avons fini vous avez fini ils ont fini	大過去 j' avais fini tu avais fini il avait fini nous avions fini vous aviez fini ils avaient fini	前過去 j' eus fini tu eus fini il eut fini nous eûmes fini vous eûtes fini ils eurent fini	前未来 j' aurai fini tu auras fini il aura fini nous aurons fini vous aurez fini ils auront fini

条件法	接続法		命令法
現在 j' aurais tu aurais il aurait nous aurions vous auriez ils auraient	現在 j' aie [ε] tu aies il ait nous ayons vous ayez ils aient	半過去 j' eusse tu eusses il eût nous eussions vous eussiez ils eussent	aie ayons ayez
過去 j' aurais eu tu aurais eu il aurait eu nous aurions eu vous auriez eu ils auraient eu	過去 j' aie eu tu aies eu il ait eu nous ayons eu vous ayez eu ils aient eu	大過去 j' eusse eu tu eusses eu il eût eu nous eussions eu vous eussiez eu ils eussent eu	
現在 je serais tu serais il serait nous serions vous seriez ils seraient	現在 je sois tu sois il soit nous soyons vous soyez ils soient	半過去 je fusse tu fusses il fût nous fussions vous fussiez ils fussent	sois soyons soyez
過去 j' aurais été tu aurais été il aurait été nous aurions été vous auriez été ils auraient été	過去 j' aie été tu aies été il ait été nous ayons été vous ayez été ils aient été	大過去 j' eusse été tu eusses été il eût été nous eussions été vous eussiez été ils eussent été	
現在 j' aimerais tu aimerais il aimerait nous aimerions vous aimeriez ils aimeraient	現在 j' aime tu aimes il aime nous aimions vous aimiez ils aiment	半過去 j' aimasse tu aimasses il aimât nous aimassions vous aimassiez ils aimassent	aime aimons aimez
過去 j' aurais aimé tu aurais aimé il aurait aimé nous aurions aimé vous auriez aimé ils auraient aimé	過去 j' aie aimé tu aies aimé il ait aimé nous ayons aimé vous ayez aimé ils aient aimé	大過去 j' eusse aimé tu eusses aimé il eût aimé nous eussions aimé vous eussiez aimé ils eussent aimé	
現在 je finirais tu finirais il finirait nous finirions vous finiriez ils finiraient	現在 je finisse tu finisses il finisse nous finissions vous finissiez ils finissent	半過去 je finisse tu finisses il finît nous finissions vous finissiez ils finissent	finis finissons finissez
過去 j' aurais fini tu aurais fini il aurait fini nous aurions fini vous auriez fini ils auraient fini	過去 j' aie fini tu aies fini il ait fini nous ayons fini vous ayez fini ils aient fini	大過去 j' eusse fini tu eusses fini il eût fini nous eussions fini vous eussiez fini ils eussent fini	

不定法 現在分詞 過去分詞	直　説　法			
	現　在	半過去	単純過去	単純未来
⑤ **acheter** achetant acheté	j'　achète tu　achètes il　achète n.　achetons v.　achetez ils　achètent	j'　achetais tu　achetais il　achetait n.　achetions v.　achetiez ils　achetaient	j'　achetai tu　achetas il　acheta n.　achetâmes v.　achetâtes ils　achetèrent	j'　achèterai tu　achèteras il　achètera n.　achèterons v.　achèterez ils　achèteront
⑥ **aller** allant allé	je　**vais** tu　**vas** il　**va** n.　allons v.　allez ils　**vont**	j'　allais tu　allais il　allait n.　allions v.　alliez ils　allaient	j'　allai tu　allas il　alla n.　allâmes v.　allâtes ils　allèrent	j'　irai tu　iras il　ira n.　irons v.　irez ils　iront
⑦ **appeler** appelant appelé	j'　appelle tu　appelles il　appelle n.　appelons v.　appelez ils　appellent	j'　appelais tu　appelais il　appelait n.　appelions v.　appeliez ils　appelaient	j'　appelai tu　appelas il　appela n.　appelâmes v.　appelâtes ils　appelèrent	j'　appellerai tu　appelleras il　appellera n.　appellerons v.　appellerez ils　appelleront
⑧ **asseoir** asseyant (assoyant) assis	j'　assieds [asje] tu　assieds il　assied n.　asseyons v.　asseyez ils　asseyent ------------------ j'　assois tu　assois il　assoit n.　assoyons v.　assoyez ils　assoient	j'　asseyais tu　asseyais il　asseyait n.　asseyions v.　asseyiez ils　asseyaient ------------------ j'　assoyais tu　assoyais il　assoyait n.　assoyions v.　assoyiez ils　assoyaient	j'　assis tu　assis il　assit n.　assîmes v.　assîtes ils　assirent	j'　assiérai tu　assiéras il　assiéra n.　assiérons v.　assiérez ils　assiéront ------------------ j'　assoirai tu　assoiras il　assoira n.　assoirons v.　assoirez ils　assoiront
⑨ **battre** battant battu	je　bats tu　bats il　bat n.　battons v.　battez ils　battent	je　battais tu　battais il　battait n.　battions v.　battiez ils　battaient	je　battis tu　battis il　battit n.　battîmes v.　battîtes ils　battirent	je　battrai tu　battras il　battra n.　battrons v.　battrez ils　battront
⑩ **boire** buvant bu	je　bois tu　bois il　boit n.　buvons v.　buvez ils　boivent	je　buvais tu　buvais il　buvait n.　buvions v.　buviez ils　buvaient	je　bus tu　bus il　but n.　bûmes v.　bûtes ils　burent	je　boirai tu　boiras il　boira n.　boirons v.　boirez ils　boiront
⑪ **conduire** conduisant conduit	je　conduis tu　conduis il　conduit n.　conduisons v.　conduisez ils　conduisent	je　conduisais tu　conduisais il　conduisait n.　conduisions v.　conduisiez ils　conduisaient	je　conduisis tu　conduisis il　conduisit n.　conduisîmes v.　conduisîtes ils　conduisirent	je　conduirai tu　conduiras il　conduira n.　conduirons v.　conduirez ils　conduiront

条件法	接続法		命令法	同型
現在	現在	半過去		
j' achèterais tu achèterais il achèterait n. achèterions v. achèteriez ils achèteraient	j' achète tu achètes il achète n. achetions v. achetiez ils achètent	j' achetasse tu achetasses il achetât n. achetassions v. achetassiez ils achetassent	achète achetons achetez	achever lever mener promener soulever
j' irais tu irais il irait n. irions v. iriez ils iraient	j' aille tu ailles il aille n. allions v. alliez ils aillent	j' allasse tu allasses il allât n. allassions v. allassiez ils allassent	va allons allez	
j' appellerais tu appellerais il appellerait n. appellerions v. appelleriez ils appelleraient	j' appelle tu appelles il appelle n. appelions v. appeliez ils appellent	j' appelasse tu appelasses il appelât n. appelassions v. appelassiez ils appelassent	appelle appelons appelez	jeter rappeler
j' assiérais tu assiérais il assiérait n. assiérions v. assiériez ils assiéraient	j' asseye [asɛj] tu asseyes il asseye n. asseyions v. asseyiez ils asseyent	j' assisse tu assisses il assît n. assissions v. assissiez ils assissent	assieds asseyons asseyez	注 主として代名動詞 s'asseoir で使われる.
j' assoirais tu assoirais il assoirait n. assoirions v. assoiriez ils assoiraient	j' assoie tu assoies il assoie n. assoyions v. assoyiez ils assoient		assois assoyons assoyez	
je battrais tu battrais il battrait n. battrions v. battriez ils battraient	je batte tu battes il batte n. battions v. battiez ils battent	je battisse tu battisses il battît n. battissions v. battissiez ils battissent	bats battons battez	abattre combattre
je boirais tu boirais il boirait n. boirions v. boiriez ils boiraient	je boive tu boives il boive n. buvions v. buviez ils boivent	je busse tu busses il bût n. bussions v. bussiez ils bussent	bois buvons buvez	
je conduirais tu conduirais il conduirait n. conduirions v. conduiriez ils conduiraient	je conduise tu conduises il conduise n. conduisions v. conduisiez ils conduisent	je conduisisse tu conduisisses il conduisît n. conduisissions v. conduisissiez ils conduisissent	conduis conduisons conduisez	construire détruire instruire introduire produire traduire

不定法 現在分詞 過去分詞	直　説　法			
	現　在	半過去	単純過去	単純未来
⑫ **connaître** connaissant connu	je connais tu connais il connaît n. connaissons v. connaissez ils connaissent	je connaissais tu connaissais il connaissait n. connaissions v. connaissiez ils connaissaient	je connus tu connus il connut n. connûmes v. connûtes ils connurent	je connaîtrai tu connaîtras il connaîtra n. connaîtrons v. connaîtrez ils connaîtront
⑬ **courir** courant couru	je cours tu cours il court n. courons v. courez ils courent	je courais tu courais il courait n. courions v. couriez ils couraient	je courus tu courus il courut n. courûmes v. courûtes ils coururent	je courrai tu courras il courra n. courrons v. courrez ils courront
⑭ **craindre** craignant craint	je crains tu crains il craint n. craignons v. craignez ils craignent	je craignais tu craignais il craignait n. craignions v. craigniez ils craignaient	je craignis tu craignis il craignit n. craignîmes v. craignîtes ils craignirent	je craindrai tu craindras il craindra n. craindrons v. craindrez ils craindront
⑮ **croire** croyant cru	je crois tu crois il croit n. croyons v. croyez ils croient	je croyais tu croyais il croyait n. croyions v. croyiez ils croyaient	je crus tu crus il crut n. crûmes v. crûtes ils crurent	je croirai tu croiras il croira n. croirons v. croirez ils croiront
⑯ **devoir** devant dû, due, dus, dues	je dois tu dois il doit n. devons v. devez ils doivent	je devais tu devais il devait n. devions v. deviez ils devaient	je dus tu dus il dut n. dûmes v. dûtes ils durent	je devrai tu devras il devra n. devrons v. devrez ils devront
⑰ **dire** disant dit	je dis tu dis il dit n. disons v. dites ils disent	je disais tu disais il disait n. disions v. disiez ils disaient	je dis tu dis il dit n. dîmes v. dîtes ils dirent	je dirai tu diras il dira n. dirons v. direz ils diront
⑱ **écrire** écrivant écrit	j' écris tu écris il écrit n. écrivons v. écrivez ils écrivent	j' écrivais tu écrivais il écrivait n. écrivions v. écriviez ils écrivaient	j' écrivis tu écrivis il écrivit n. écrivîmes v. écrivîtes ils écrivirent	j' écrirai tu écriras il écrira n. écrirons v. écrirez ils écriront
⑲ **employer** employant employé	j' emploie tu emploies il emploie n. employons v. employez ils emploient	j' employais tu employais il employait n. employions v. employiez ils employaient	j' employai tu employas il employa n. employâmes v. employâtes ils employèrent	j' emploierai tu emploieras il emploiera n. emploierons v. emploierez ils emploieront

| 条件法 | 接続法 | | 命令法 | 同型 |
現在	現在	半過去		
je connaîtrais tu connaîtrais il connaîtrait n. connaîtrions v. connaîtriez ils connaîtraient	je connaisse tu connaisses il connaisse n. connaissions v. connaissiez ils connaissent	je connusse tu connusses il connût n. connussions v. connussiez ils connussent	connais connaissons connaissez	apparaître disparaître paraître reconnaître
je courrais tu courrais il courrait n. courrions v. courriez ils courraient	je coure tu coures il coure n. courions v. couriez ils courent	je courusse tu courusses il courût n. courussions v. courussiez ils courussent	cours courons courez	accourir parcourir
je craindrais tu craindrais il craindrait n. craindrions v. craindriez ils craindraient	je craigne tu craignes il craigne n. craignions v. craigniez ils craignent	je craignisse tu craignisses il craignît n. craignissions v. craignissiez ils craignissent	crains craignons craignez	atteindre éteindre joindre peindre plaindre
je croirais tu croirais il croirait n. croirions v. croiriez ils croiraient	je croie tu croies il croie n. croyions v. croyiez ils croient	je crusse tu crusses il crût n. crussions v. crussiez ils crussent	crois croyons croyez	
je devrais tu devrais il devrait n. devrions v. devriez ils devraient	je doive tu doives il doive n. devions v. deviez ils doivent	je dusse tu dusses il dût n. dussions v. dussiez ils dussent		
je dirais tu dirais il dirait n. dirions v. diriez ils diraient	je dise tu dises il dise n. disions v. disiez ils disent	je disse tu disses il dît n. dissions v. dissiez ils dissent	dis disons **dites**	
j' écrirais tu écrirais il écrirait n. écririons v. écririez ils écriraient	j' écrive tu écrives il écrive n. écrivions v. écriviez ils écrivent	j' écrivisse tu écrivisses il écrivît n. écrivissions v. écrivissiez ils écrivissent	écris écrivons écrivez	décrire inscrire
j' emploierais tu emploierais il emploierait n. emploierions v. emploieriez ils emploieraient	j' emploie tu emploies il emploie n. employions v. employiez ils emploient	j' employasse tu employasses il employât n. employassions v. employassiez ils employassent	emploie employons employez	aboyer nettoyer noyer tutoyer

不定法 現在分詞 過去分詞	直 説 法			
	現　在	半過去	単純過去	単純未来
⑳ **envoyer** envoyant envoyé	j' envoie tu envoies il envoie n. envoyons v. envoyez ils envoient	j' envoyais tu envoyais il envoyait n. envoyions v. envoyiez ils envoyaient	j' envoyai tu envoyas il envoya n. envoyâmes v. envoyâtes ils envoyèrent	j' enverrai tu enverras il enverra n. enverrons v. enverrez ils enverront
㉑ **faire** faisant [fəzã] fait	je fais [fɛ] tu fais il fait n. faisons [fəzɔ̃] v. faites [fɛt] ils font	je faisais [fəzɛ] tu faisais il faisait n. faisions v. faisiez ils faisaient	je fis tu fis il fit n. fîmes v. fîtes ils firent	je ferai tu feras il fera n. ferons v. ferez ils feront
㉒ **falloir** — fallu	il faut	il fallait	il fallut	il faudra
㉓ **fuir** fuyant fui	je fuis tu fuis il fuit n. fuyons v. fuyez ils fuient	je fuyais tu fuyais il fuyait n. fuyions v. fuyiez ils fuyaient	je fuis tu fuis il fuit n. fuîmes v. fuîtes ils fuirent	je fuirai tu fuiras il fuira n. fuirons v. fuirez ils fuiront
㉔ **lire** lisant lu	je lis tu lis il lit n. lisons v. lisez ils lisent	je lisais tu lisais il lisait n. lisions v. lisiez ils lisaient	je lus tu lus il lut n. lûmes v. lûtes ils lurent	je lirai tu liras il lira n. lirons v. lirez ils liront
㉕ **manger** mangeant mangé	je mange tu manges il mange n. mangeons v. mangez ils mangent	je mangeais tu mangeais il mangeait n. mangions v. mangiez ils mangeaient	je mangeai tu mangeas il mangea n. mangeâmes v. mangeâtes ils mangèrent	je mangerai tu mangeras il mangera n. mangerons v. mangerez ils mangeront
㉖ **mettre** mettant mis	je mets tu mets il met n. mettons v. mettez ils mettent	je mettais tu mettais il mettait n. mettions v. mettiez ils mettaient	je mis tu mis il mit n. mîmes v. mîtes ils mirent	je mettrai tu mettras il mettra n. mettrons v. mettrez ils mettront
㉗ **mourir** mourant mort	je meurs tu meurs il meurt n. mourons v. mourez ils meurent	je mourais tu mourais il mourait n. mourions v. mouriez ils mouraient	je mourus tu mourus il mourut n. mourûmes v. mourûtes ils moururent	je mourrai tu mourras il mourra n. mourrons v. mourrez ils mourront

条件法	接続法		命令法	同型
現在	現在	半過去		
j' enverrais tu enverrais il enverrait n. enverrions v. enverriez ils enverraient	j' envoie tu envoies il envoie n. envoyions v. envoyiez ils envoient	j' envoyasse tu envoyasses il envoyât n. envoyassions v. envoyassiez ils envoyassent	envoie envoyons envoyez	renvoyer
je ferais tu ferais il ferait n. ferions v. feriez ils feraient	je fasse tu fasses il fasse n. fassions v. fassiez ils fassent	je fisse tu fisses il fît n. fissions v. fissiez ils fissent	fais faisons faites	défaire refaire satisfaire
il faudrait	il faille	il fallût		
je fuirais tu fuirais il fuirait n. fuirions v. fuiriez ils fuiraient	je fuie tu fuies il fuie n. fuyions v. fuyiez ils fuient	je fuisse tu fuisses il fuît n. fuissions v. fuissiez ils fuissent	fuis fuyons fuyez	s'enfuir
je lirais tu lirais il lirait n. lirions v. liriez ils liraient	je lise tu lises il lise n. lisions v. lisiez ils lisent	je lusse tu lusses il lût n. lussions v. lussiez ils lussent	lis lisons lisez	élire relire
je mangerais tu mangerais il mangerait n. mangerions v. mangeriez ils mangeraient	je mange tu manges il mange n. mangions v. mangiez ils mangent	je mangeasse tu mangeasses il mangeât n. mangeassions v. mangeassiez ils mangeassent	mange mangeons mangez	changer déranger nager obliger partager voyager
je mettrais tu mettrais il mettrait n. mettrions v. mettriez ils mettraient	je mette tu mettes il mette n. mettions v. mettiez ils mettent	je misse tu misses il mît n. missions v. missiez ils missent	mets mettons mettez	admettre commettre permettre promettre remettre
je mourrais tu mourrais il mourrait n. mourrions v. mourriez ils mourraient	je meure tu meures il meure n. mourions v. mouriez ils meurent	je mourusse tu mourusses il mourût n. mourussions v. mourussiez ils mourussent	meurs mourons mourez	

不定法 現在分詞 過去分詞	直説法			
	現在	半過去	単純過去	単純未来
㉘ **naître** naissant né	je nais tu nais il naît n. naissons v. naissez ils naissent	je naissais tu naissais il naissait n. naissions v. naissiez ils naissaient	je na**qu**is tu na**qu**is il na**qu**it n. na**qu**îmes v. na**qu**îtes ils na**qu**irent	je naîtrai tu naîtras il naîtra n. naîtrons v. naîtrez ils naîtront
㉙ **ouvrir** ouvrant ouvert	j' ouv**r**e tu ouv**r**es il ouv**r**e n. ouvrons v. ouvrez ils ouvrent	j' ouvrais tu ouvrais il ouvrait n. ouvrions v. ouvriez ils ouvraient	j' ouvris tu ouvris il ouvrit n. ouvrîmes v. ouvrîtes ils ouvrirent	j' ouvrirai tu ouvriras il ouvrira n. ouvrirons v. ouvrirez ils ouvriront
㉚ **partir** partant parti	je pars tu pars il part n. partons v. partez ils partent	je partais tu partais il partait n. partions v. partiez ils partaient	je partis tu partis il partit n. partîmes v. partîtes ils partirent	je partirai tu partiras il partira n. partirons v. partirez ils partiront
㉛ **payer** payant payé	je paie [pɛ] tu paies il paie n. payons v. payez ils paient ---- je paye [pɛj] tu payes il paye n. payons v. payez ils payent	je payais tu payais il payait n. payions v. payiez ils payaient	je payai tu payas il paya n. payâmes v. payâtes ils payèrent	je paierai tu paieras il paiera n. paierons v. paierez ils paieront ---- je payerai tu payeras il payera n. payerons v. payerez ils payeront
㉜ **placer** plaçant placé	je place tu places il place n. plaçons v. placez ils placent	je plaçais tu plaçais il plaçait n. placions v. placiez ils plaçaient	je plaçai tu plaças il plaça n. plaçâmes v. plaçâtes ils placèrent	je placerai tu placeras il placera n. placerons v. placerez ils placeront
㉝ **plaire** plaisant plu	je plais tu plais il plaît n. plaisons v. plaisez ils plaisent	je plaisais tu plaisais il plaisait n. plaisions v. plaisiez ils plaisaient	je plus tu plus il plut n. plûmes v. plûtes ils plurent	je plairai tu plairas il plaira n. plairons v. plairez ils plairont
㉞ **pleuvoir** pleuvant plu	il pleut	il pleuvait	il plut	il pleuvra

条件法	接続法		命令法	同型
現在	現在	半過去		
je naîtrais tu naîtrais il naîtrait n. naîtrions v. naîtriez ils naîtraient	je naisse tu naisses il naisse n. naissions v. naissiez ils naissent	je naquisse tu naquisses il naquît n. naquissions v. naquissiez ils naquissent	nais naissons naissez	
j' ouvrirais tu ouvrirais il ouvrirait n. ouvririons v. ouvririez ils ouvriraient	j' ouvre tu ouvres il ouvre n. ouvrions v. ouvriez ils ouvrent	j' ouvrisse tu ouvrisses il ouvrît n. ouvrissions v. ouvrissiez ils ouvrissent	ouvre ouvrons ouvrez	couvrir découvrir offrir souffrir
je partirais tu partirais il partirait n. partirions v. partiriez ils partiraient	je parte tu partes il parte n. partions v. partiez ils partent	je partisse tu partisses il partît n. partissions v. partissiez ils partissent	pars partons partez	dormir ressortir sentir servir sortir
je paierais tu paierais il paierait n. paierions v. paieriez ils paieraient	je paie tu paies il paie n. payions v. payiez ils paient	je payasse tu payasses il payât n. payassions v. payassiez ils payassent	paie payons payez	effrayer essayer
je payerais tu payerais il payerait n. payerions v. payeriez ils payeraient	je paye tu payes il paye n. payions v. payiez ils payent		paye payons payez	
je placerais tu placerais il placerait n. placerions v. placeriez ils placeraient	je place tu places il place n. placions v. placiez ils placent	je plaçasse tu plaçasses il plaçât n. plaçassions v. plaçassiez ils plaçassent	place plaçons placez	annoncer avancer commencer forcer lancer prononcer
je plairais tu plairais il plairait n. plairions v. plairiez ils plairaient	je plaise tu plaises il plaise n. plaisions v. plaisiez ils plaisent	je plusse tu plusses il plût n. plussions v. plussiez ils plussent	plais plaisons plaisez	complaire déplaire (se) taire 注 過去分詞 plu は不変
il pleuvrait	il pleuve	il plût		

不定法 現在分詞 過去分詞	直　　説　　法			
	現　　在	半過去	単純過去	単純未来
㉟ **pouvoir** pouvant pu	je peux (puis) tu peux il peut n. pouvons v. pouvez ils peuvent	je pouvais tu pouvais il pouvait n. pouvions v. pouviez ils pouvaient	je pus tu pus il put n. pûmes v. pûtes ils purent	je pourrai tu pourras il pourra n. pourrons v. pourrez ils pourront
㊱ **préférer** préférant préféré	je préfère tu préfères il préfère n. préférons v. préférez ils préfèrent	je préférais tu préférais il préférait n. préférions v. préfériez ils préféraient	je préférai tu préféras il préféra n. préférâmes v. préférâtes ils préférèrent	je préférerai tu préféreras il préférera n. préférerons v. préférerez ils préféreront
㊲ **prendre** prenant pris	je prends tu prends il prend n. prenons v. prenez ils prennent	je prenais tu prenais il prenait n. prenions v. preniez ils prenaient	je pris tu pris il prit n. prîmes v. prîtes ils prirent	je prendrai tu prendras il prendra n. prendrons v. prendrez ils prendront
㊳ **recevoir** recevant reçu	je reçois tu reçois il reçoit n. recevons v. recevez ils reçoivent	je recevais tu recevais il recevait n. recevions v. receviez ils recevaient	je reçus tu reçus il reçut n. reçûmes v. reçûtes ils reçurent	je recevrai tu recevras il recevra n. recevrons v. recevrez ils recevront
㊴ **rendre** rendant rendu	je rends tu rends il rend n. rendons v. rendez ils rendent	je rendais tu rendais il rendait n. rendions v. rendiez ils rendaient	je rendis tu rendis il rendit n. rendîmes v. rendîtes ils rendirent	je rendrai tu rendras il rendra n. rendrons v. rendrez ils rendront
㊵ **résoudre** résolvant résolu	je résous tu résous il résout n. résolvons v. résolvez ils résolvent	je résolvais tu résolvais il résolvait n. résolvions v. résolviez ils résolvaient	je résolus tu résolus il résolut n. résolûmes v. résolûtes ils résolurent	je résoudrai tu résoudras il résoudra n. résoudrons v. résoudrez ils résoudront
㊶ **rire** riant ri	je ris tu ris il rit n. rions v. riez ils rient	je riais tu riais il riait n. riions v. riiez ils riaient	je ris tu ris il rit n. rîmes v. rîtes ils rirent	je rirai tu riras il rira n. rirons v. rirez ils riront
㊷ **savoir** sachant su	je sais tu sais il sait n. savons v. savez ils savent	je savais tu savais il savait n. savions v. saviez ils savaient	je sus tu sus il sut n. sûmes v. sûtes ils surent	je saurai tu sauras il saura n. saurons v. saurez ils sauront

条件法	接続法		命令法	同型
現在	現在	半過去		
je pourrais tu pourrais il pourrait n. pourrions v. pourriez ils pourraient	je puisse tu puisses il puisse n. puissions v. puissiez ils puissent	je pusse tu pusses il pût n. pussions v. pussiez ils pussent		
je préférerais tu préférerais il préférerait n. préférerions v. préféreriez ils préféreraient	je préfère tu préfères il préfère n. préférions v. préfériez ils préfèrent	je préférasse tu préférasses il préférât n. préférassions v. préférassiez ils préférassent	préfère préférons préférez	céder considérer espérer pénétrer posséder répéter
je prendrais tu prendrais il prendrait n. prendrions v. prendriez ils prendraient	je prenne tu prennes il prenne n. prenions v. preniez ils prennent	je prisse tu prisses il prît n. prissions v. prissiez ils prissent	prends prenons prenez	apprendre comprendre entreprendre reprendre surprendre
je recevrais tu recevrais il recevrait n. recevrions v. recevriez ils recevraient	je reçoive tu reçoives il reçoive n. recevions v. receviez ils reçoivent	je reçusse tu reçusses il reçût n. reçussions v. reçussiez ils reçussent	reçois recevons recevez	apercevoir concevoir décevoir
je rendrais tu rendrais il rendrait n. rendrions v. rendriez ils rendraient	je rende tu rendes il rende n. rendions v. rendiez ils rendent	je rendisse tu rendisses il rendît n. rendissions v. rendissiez ils rendissent	rends rendons rendez	attendre descendre entendre perdre répondre vendre
je résoudrais tu résoudrais il résoudrait n. résoudrions v. résoudriez ils résoudraient	je résolve tu résolves il résolve n. résolvions v. résolviez ils résolvent	je résolusse tu résolusses il résolût n. résolussions v. résolussiez ils résolussent	résous résolvons résolvez	
je rirais tu rirais il rirait n. ririons v. ririez ils riraient	je rie tu ries il rie n. riions v. riiez ils rient	je risse tu risses il rît n. rissions v. rissiez ils rissent	ris rions riez	sourire 注 過去分詞 ri は不変
je saurais tu saurais il saurait n. saurions v. sauriez ils sauraient	je sache tu saches il sache n. sachions v. sachiez ils sachent	je susse tu susses il sût n. sussions v. sussiez ils sussent	sache sachons sachez	

不定法 現在分詞 過去分詞	直 説 法			
	現　在	半過去	単純過去	単純未来
㊸ **suffire** suffisant suffi	je suffis tu suffis il suffit n. suffisons v. suffisez ils suffisent	je suffisais tu suffisais il suffisait n. suffisions v. suffisiez ils suffisaient	je suffis tu suffis il suffit n. suffîmes v. suffîtes ils suffirent	je suffirai tu suffiras il suffira n. suffirons v. suffirez ils suffiront
㊹ **suivre** suivant suivi	je suis tu suis il suit n. suivons v. suivez ils suivent	je suivais tu suivais il suivait n. suivions v. suiviez ils suivaient	je suivis tu suivis il suivit n. suivîmes v. suivîtes ils suivirent	je suivrai tu suivras il suivra n. suivrons v. suivrez ils suivront
㊺ **vaincre** vainquant vaincu	je vaincs tu vaincs il vainc n. vainquons v. vainquez ils vainquent	je vainquais tu vainquais il vainquait n. vainquions v. vainquiez ils vainquaient	je vainquis tu vainquis il vainquit n. vainquîmes v. vainquîtes ils vainquirent	je vaincrai tu vaincras il vaincra n. vaincrons v. vaincrez ils vaincront
㊻ **valoir** valant valu	je vaux tu vaux il vaut n. valons v. valez ils valent	je valais tu valais il valait n. valions v. valiez ils valaient	je valus tu valus il valut n. valûmes v. valûtes ils valurent	je vaudrai tu vaudras il vaudra n. vaudrons v. vaudrez ils vaudront
㊼ **venir** venant venu	je viens tu viens il vient n. venons v. venez ils viennent	je venais tu venais il venait n. venions v. veniez ils venaient	je vins tu vins il vint n. vînmes v. vîntes ils vinrent	je viendrai tu viendras il viendra n. viendrons v. viendrez ils viendront
㊽ **vivre** vivant vécu	je vis tu vis il vit n. vivons v. vivez ils vivent	je vivais tu vivais il vivait n. vivions v. viviez ils vivaient	je vécus tu vécus il vécut n. vécûmes v. vécûtes ils vécurent	je vivrai tu vivras il vivra n. vivrons v. vivrez ils vivront
㊾ **voir** voyant vu	je vois tu vois il voit n. voyons v. voyez ils voient	je voyais tu voyais il voyait n. voyions v. voyiez ils voyaient	je vis tu vis il vit n. vîmes v. vîtes ils virent	je verrai tu verras il verra n. verrons v. verrez ils verront
㊿ **vouloir** voulant voulu	je veux tu veux il veut n. voulons v. voulez ils veulent	je voulais tu voulais il voulait n. voulions v. vouliez ils voulaient	je voulus tu voulus il voulut n. voulûmes v. voulûtes ils voulurent	je voudrai tu voudras il voudra n. voudrons v. voudrez ils voudront

条件法	接続法		命令法	同型
現在	現在	半過去		
je suffirais tu suffirais il suffirait n. suffirions v. suffiriez ils suffiraient	je suffise tu suffises il suffise n. suffisions v. suffisiez ils suffisent	je suffisse tu suffisses il suffît n. suffissions v. suffissiez ils suffissent	suffis suffisons suffisez	注 過去分詞 suffi は不変
je suivrais tu suivrais il suivrait n. suivrions v. suivriez ils suivraient	je suive tu suives il suive n. suivions v. suiviez ils suivent	je suivisse tu suivisses il suivît n. suivissions v. suivissiez ils suivissent	suis suivons suivez	poursuivre
je vaincrais tu vaincrais il vaincrait n. vaincrions v. vaincriez ils vaincraient	je vainque tu vainques il vainque n. vainquions v. vainquiez ils vainquent	je vainquisse tu vainquisses il vainquît n. vainquissions v. vainquissiez ils vainquissent	vaincs vainquons vainquez	convaincre
je vaudrais tu vaudrais il vaudrait n. vaudrions v. vaudriez ils vaudraient	je vaille tu vailles il vaille n. valions v. valiez ils vaillent	je valusse tu valusses il valût n. valussions v. valussiez ils valussent		
je viendrais tu viendrais il viendrait n. viendrions v. viendriez ils viendraient	je vienne tu viennes il vienne n. venions v. veniez ils viennent	je vinsse tu vinsses il vînt n. vinssions v. vinssiez ils vinssent	viens venons venez	appartenir devenir obtenir revenir (se) souvenir tenir
je vivrais tu vivrais il vivrait n. vivrions v. vivriez ils vivraient	je vive tu vives il vive n. vivions v. viviez ils vivent	je vécusse tu vécusses il vécût n. vécussions v. vécussiez ils vécussent	vis vivons vivez	survivre
je verrais tu verrais il verrait n. verrions v. verriez ils verraient	je voie tu voies il voie n. voyions v. voyiez ils voient	je visse tu visses il vît n. vissions v. vissiez ils vissent	vois voyons voyez	entrevoir revoir
je voudrais tu voudrais il voudrait n. voudrions v. voudriez ils voudraient	je veuille tu veuilles il veuille n. voulions v. vouliez ils veuillent	je voulusse tu voulusses il voulût n. voulussions v. voulussiez ils voulussent	veuille veuillons veuillez	

◆ 動詞変化に関する注意

不定法
-er
-ir
-re
-oir

現在分詞
-ant

	直説法現在		直・半過去	直・単純未来	条・現在
je	-e	-s	-ais	-rai	-rais
tu	-es	-s	-ais	-ras	-rais
il	-e	-t	-ait	-ra	-rait
nous	-ons		-ions	-rons	-rions
vous	-ez		-iez	-rez	-riez
ils	-ent		-aient	-ront	-raient

	直・単純過去			接・現在	接・半過去	命令法	
je	-ai	-is	-us	-e	-sse		
tu	-as	-is	-us	-es	-sses	-e	-s
il	-a	-it	-ut	-e	-ât		
nous	-âmes	-îmes	-ûmes	-ions	-ssions	-ons	
vous	-âtes	-îtes	-ûtes	-iez	-ssiez	-ez	
ils	-èrent	-irent	-urent	-ent	-ssent		

〔複合時制〕

直　説　法	条　件　法
複合過去（助動詞の直・現在＋過去分詞）	過　去（助動詞の条・現在＋過去分詞）
大　過　去（助動詞の直・半過去＋過去分詞）	接　続　法
前　過　去（助動詞の直・単純過去＋過去分詞）	過　去（助動詞の接・現在＋過去分詞）
前　未　来（助動詞の直・単純未来＋過去分詞）	大過去（助動詞の接・半過去＋過去分詞）

* **現在分詞**は，通常，直説法・現在1人称複数の語尾 -ons を -ant に変えて作ることができる．(nous connaissons → connaissant)
* **直説法・半過去**の1人称単数は，通常，直説法・現在1人称複数の語尾 -ons を -ais に変えて作ることができる．(nous buvons → je buvais)
* **直説法・単純未来**と**条件法・現在**は，通常，不定法から作ることができる．
 　（単純未来： aimer → j'aimerai　　finir → je finirai　　écrire → j'écrirai）
 　　　ただし，-oir 型動詞の語幹は不規則．(pouvoir → je pourrai　　savoir → je saurai)
* **接続法・現在**の1人称単数は，通常，直説法・現在3人称複数の語尾 -ent を -e に変えて作ることができる．(ils finissent → je finisse)
* **命令法**は，直説法・現在の2人称単数，1人称複数，2人称複数から，それぞれの主語 tu, nous, vous を取って作ることができる．（ただし，tu -es → -e　　tu vas → va）
 　　　avoir, être, savoir, vouloir の命令法は接続法・現在から作る．

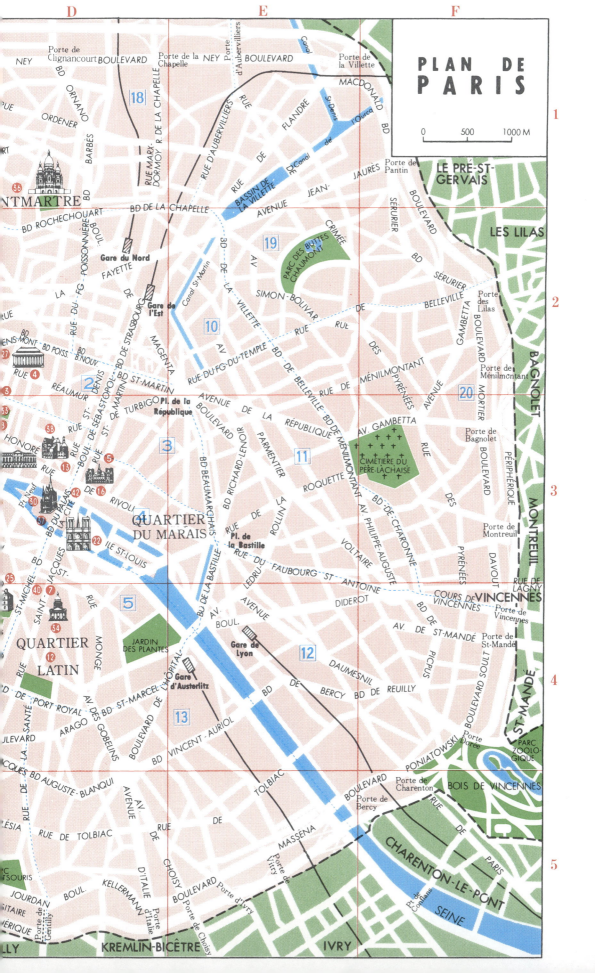